デカルトの哲学

Yoshiyuki Koizumi

小泉義之

人文書院

目次

デカルトの哲学

デカルトの赤色存在論——序にかえて

一九七〇年に、アントニオ・ネグリはデカルト研究書を刊行した。[1] このイタリア語原書はいまでは稀覯本であると言えるが、イタリア語を読めない者にとっては幸いなことに、最近になってその英語訳本が刊行された。[2] これに寄せた「英語版への後書」において、ネグリは当時の反応をこう回顧している。

一九六〇年代のネグリの書き物は、何よりも労働運動とマルクス主義についてのものであった。そのために、ネグリが一九六〇年代の終わりになってデカルト研究を始めたことは驚きをもって受け止められた。学者たちは「一体どうしてマルクス主義者がデカルトについて書けるというのか」と驚き、同志たちは「一体どうしてネグリはデカルトなどに時間を費やしているのか」と驚いたのである。[3] これに対して、ネグリはこう応じたと書いている。

第一に、学者や同志の思い込みに反して、そもそも形而上学は政治的存在論なのである。そのことを示すために、デカルトは格好の事例になる。しかもデカルトの形而上学は、中世以来の神学―政治学に対抗し、かつ、ホッブズ流の機械論―絶対主義に対抗するものであって、新しい政治的存在論を立ち上げるものであった。第二に、その後のデカルト主義の長い歴史を考えるなら、ブルジョアと資本主義の複雑な関係史を再考するためにも、先ずデカルトを研究しておくことが有益なはずである。第三に、デカルトを「考古学的」に研究することによって、旧来の単線的歴史理解を退けて、別の歴史理解の可能性を開くことができるはずである。第四に、過去の形而上学＝政治的存在論を研究することを通して、現代の新たな政治的存在論を創出することができるであろう。

要するに、学者も同志も理解していなかったのであるが、一九六〇年代の終わりにデカルト研究を始めることは、資本主義的でブルジョア的なものへの後退などではなく、プロレタリア的なものへ新たに再出発するための前進であったというのである。以下、英語訳本に依拠してその次第を簡単に見ていくことにする。(4)

ネグリは、デカルトが頻繁に使用する「種子」と「道」のメタファーに着目することから始めている。繰り返しデカルトは、人間精神には真理の「種子」が宿っており、その人間精神だけで、真理の基礎を探究する「道」や世界という機械を解明する「道」を切り開くことができると力強く宣言していた。そこに認められるのは、「世界を所有し世界を変革するという情熱的で英雄的な希望」（p. 35）である。ネグリによるなら、この革新の希望は、「ルネサンス期の人間の情念」（p. 39）である。

しかし、ネグリが幾度となく強調するように、すでにルネサンス運動は政治的にも文化的にも敗北していた。また、デカルト研究の主流派が強調していたように、デカルト自身は、初期は別としても、ルネサンスとユマニスムに対して極めて批判的で否定的であった。とするなら、どういうことになるのか。すでに革命運動は敗北していた。また、常にそうであるように、敗北の後に革命運動を批判し否定する思想家は掃いて捨てるほど出ていた。とするなら、デカルトを読んだところで得ることなどあるのだろうか。ネグリはこう主張している。敗北の後でも革命運動の希望と情念を表明する思想家は極めて稀であるし、デカルトはその稀なる思想家の一人である、と。だからこそ、ルネサンスとデカルトの関係に改めて取り組まなければならない、と。

ネグリは、若きデカルトの『音楽提要』と「思索私記」を分析して、若きデカルトはルネサンス的思想家であると判定する。実際、若きデカルトは、光学的幻影や自動機械の発明など、「驚異」を作出するための学知を理想としていた。若きデカルトは「ルネサンス的魔術師」として評判を得てもいた。(5) ネグリは、デカルトの初期思想を反ルネサンス・反ユマニスムと解する主流派に断固として反対する。

「デカルトがルネサンス世界に参画していたのを否定してきた人々は、初期デカルトの哲学的経験を参照するなら、そのテーゼを維持できなくなる。さらに、デカルト自身が薔薇十字会に抗してそれとの関わりを否定した議論を持ち出してきたところで、デカルトが強烈にルネサンス世界に参画していたという事実を弱めることもできない。」(pp. 50–51)

「われわれが初めに提起した問い、すなわち、デカルトはルネサンス的ユマニスム世界を直接的に経験していたかという問いに対しては、そうだと答えられることになる。炉部屋の中で〔このテーマ自体がユマニスト的である〕デカルトは、熱情的に魅入られたように、ルネサンスのプロジェクトに緊急に応じてその実現の要請に応じているのだ。すなわち、〈新たな智恵〉とは〈驚異の学知〉であり、基礎付けの学知とは世界の〈更新〉の学知なのだ。」(pp. 55–56)

しかし同時に、これも否定できない事実であるが、デカルトはルネサンス的革命運動から自らを切り離しもした。ネグリによるなら、『精神指導の規則』や「良識の研究」はその証左である。では、デカルトによる革命運動批判の意味するところは何であったのか。ネグリによるなら、デカルトが批判していたものは、ルネサンスやユマニスムの精髄ではなく、その堕落した非生産的な学知である。これに対して『精神指導の規則』が提出したのが普遍数学であるわけだが、デカルトはそれを学知を生産する新たな方法として、それ故に世界の秩序を変革しうる方法として構想したのである。とするなら、若きデカルトはルネサンス的革命運動の理念を決して手放さず、それを別の形で引き継ぐ立場をとっていたと言うべきであり、それこそを近代初頭の「新階級」のイデオロギーとして取り出すべきなのである。こうしてネグリは、別の形の革命運動の夢をデカルト哲学の本体に見出していこうとする。

さて、デカルトは、ルネサンス的革命運動の敗北の後に、私の理解では、戦争＝革命から逃亡してオランダに隠遁した。そして、世界から自らを分離した。あるいは、世界から解雇された。精神を感覚から切り離すという「分離の形而上学」の基本テーゼは、そんな世界からの退去を意味していた。どうしてそんなことになったのか。世界革命の夢が破れてルネサンス世界が閉じられたからである。世界は理性の対象たるものではなくなったからである。「驚異の学知の地平、プロメテウス的な発明の希望、革新の熱情は、消え去って彼方へ遠ざかった」（p. 110）からである。事情がこうなったからには、隠れて生きていけないはずがあるだろうか。問われるべきは、問い糾されるべきは、逃げたということや隠れたということではない。そうではなくて、厳然たる敗北の事実を何と受けとめるのかということである。

ネグリは、革命運動敗北後の主要な思潮を大きく二つに分けて捉えている。一つはリベルタン、もう一つは機械論である。

リベルタンは、懐疑論的な相対主義者である。リベルタンは、革命的なプロジェクトについてはそれが何であっても疑いを投げかけ、何ひとつとして真に受けることはしない。むしろリベルタンは、一切の革命的なプロジェクトを疑いのまなざしでもって退けるというそのことを智恵と称して安んじている。こうしてリベルタンは、政治的には現状容認へ傾いていく。なぜなら、絶対主権は、政治的プロジェクトを放棄した者たちが互いに取り結ぶ社交空間についてはその存立を保証するものであるからには、リベルタンが絶対主権に対して向ける疑いそのものが当の絶対主権によって可能にされてもいるからである。リベルタンは絶対主権の庇護の下にある社交空間内で自らの道徳的智恵を誇り文化的自由を享受しているわけだが、それは革命的プロジェクトに対する疑いを撒き散らす限りにおいてのことだからである。もちろん歴史的に振り返るなら、革命運動の一翼を担いもした初期リベルタンは相当の弾圧を被っていた。絶対君主制によって、あるいはむしろ、誕生しつつある国民国家によって殺害された者もいた。リベルタン狩りは魔女狩りと並行して進められたのである。しかし、この初期リベルタンは潰え去った。いまや頽落したリベルタンだらけである。

機械論者は、一方では自然世界について科学的機械論を仕上げ、他方では政治世界について機械論的政治科学を仕上げる。一方に自然的なものの科学を、他方に政治的なものの科学を配置する。一方で自然世界の法則の必然性を、他方で権力の絶対性と法の不変性を論証して追認する。ところが、新科学の夢と新政治の夢を結合したルネサンス的革命運動の敗北の後に学知に成り上がった機械論にあっては、科学革命と政治革命が結び付くことは金輪際ない。機械論においては自然科学と政治科学は没交渉のまま共存する。機械論は、権力を構成することを放棄する者どもに対して、その権利と権能を構成して保証してやる超越的権力を認証する。こうして機械論は「構成された権力の公共哲学」(p. 194) に成り上がる。

この状況にあってデカルトが重要であるのは、これら二つの思潮の双方に対して別の立ち位置をとったからである。「悪霊は革命的幻想の一切を潰えさせる。悪霊はユマニスムの希望を潰えさせる。デカルトはそのことは充分に弁えている。後退を受け入れざるをえない。しかし希望の放棄は拒むのだ。人は生きていかなければならない。ひとたび革命が去ったからには、立ち位置をめぐる争いが始まる」(p. 155)。

第一に、デカルトの懐疑は徹底的である。リベルタンの懐疑のごとく穏和なものではない。デカルトの懐疑は、感覚に信を置かず記憶にも信を置かない。つまり、自然世界からも人間世界からもそのリアリティを剝奪してしまう。世界は夢である。それどころではない。世界は狂っている。デカルトの懐疑は、「狂気」に接する懐疑なのだ。だから、懐疑を進めつつ価値判断を留保して実践的には妥協的に振る舞うといった道は哲学的には閉ざされる。また、デカルトの懐疑は科学の真理性をも疑うものであるからには、科学知を応用してプラグマティックに振る舞うといった道も哲学的には閉ざされる。デカルトは、悪しき霊や欺く神と妥協することがない。

第二に、デカルトは機械論を認めながらもそれを全面的に受け入れはしない。機械論的科学主義は、形式的理性の独断論か素朴極まりない経験論のどちらかに、あるいはむしろ両方の奇怪な混合体に堕してしまうからである。そして機械論的科学主義は、結局のところ、理性そのものと経験そのものを解明することはできない。世界から分離した精神も心身の結合も解明することはできない。デカルトは、科学主義や経験主義と妥協することがない。(6)

このように革命運動敗北後の諸思潮を退けながらデカルトは、頼るべき唯一の真理を確立する。すなわち「私は存在する、私は実在する」。人は言うであろう。隠遁した哲学者の独我論にすぎない、逃亡した敗残者の独語にすぎない、世界に背を向けた日和見主義者の繰言にすぎない、と。これに対して、ネグリはこう論じている。

「この内面化の過程は、敗北から由来し危機によって生み出されるものである。それは私も認める。しかし、〈私〉の実在の発見についてはそのようには言えないのだ。その発見は、懐疑から生まれたのではなく懐疑の中で生まれた。その発見は、危機にも分離にも先行している。それは存在論的に確実なのである」(p. 214)。

〈私〉は存在論的に危機にも敗北にも先立っている。とするなら、革命運動そのものにも先立っている。だからこそ、〈私〉は、時代の悪しき霊と欺く神に対抗する唯一の立ち位置になる。そして、「私は何ものかである」。では、何ものかである〈私〉とは何か。ネグリは、二つの力に着目する。第一に〈私〉は思惟するものである。思惟する能力、言いかえるなら、思考を生産する力を有するものである。第二に〈私〉は自らの内に〈神〉を発見する。この〈神〉は、永遠真理創造説の神、すなわち、世界を創造し法を制定する全能の神、世界を生産する神である。(7)とするなら、デカルトは、世界革命運動の敗北の後で、世界を創造し世界を変革する生産力の所在を発見していることになる。

「われわれは打ち負かされた——十七世紀のユマニストはそう自覚している。しかしデカルトには、敗北の自覚があるだけではない。そこには、消すことのできないある確実性が伴われている。すなわち、価値の一切、価値あるものの一切は、いまやかの分離せる存在者の内に存しているという確実性である。この分離せる存在者を

基礎にしてこそ、世界は再構築されるはずである。」(pp. 240-241)

このようなデカルトの学知(scientia)は、もちろん科学知(sciences)ではない。むしろそれはフィクションであると言うべきであり、いっそイデオロギーであるとも言うべきである。しかし、ここで間違えてはならないが、「希望はイデオロギーにおいてでなければ何ものでもない」ということを銘記しておかなければならない。デカルト哲学は一つのフィクショナルな理性的イデオロギーである。デカルトがそんな哲学的イデオロギーを構築したのは、「再建の希望」を再発見する仕方を知っていたからである。

ネグリの「英語版への後書」に戻ろう。そこでネグリは、一九七〇年以後のデカルト研究の状況に簡単に触れている。

一九六〇年代には、マルシアル・ゲルーの「偉大な批判的・構造的・脱構築的」デカルト研究が現われるなど、ネグリの研究を可能にする条件が整えられていた。ところが、その後「反動」が起こった。デカルト思想を、「伝統」の一項目に押し込め、思弁的形而上学の一例に仕立て上げる反動的研究が現われてきた。その代表がジャン＝リュック・マリオンである。マリオンは、『精神指導の規則』を「灰色の存在論」として、永遠真理創造説を「白色の神学」として読解した。つまり、伝統的存在論と科学的存在論の間で白黒の定まらぬ曖昧な存在論として、あるいはまた、生産的神学が空白で不在の思想として、肯定的神学が脱色された思想として読解した。たしかにマリオンは、デカルト形而上学を多彩な色光を分出する「プリズム」に喩えもするが、そのものに色はないとするのである。そんな風にして反動的研究者たちは、〈私〉の存在論的力と〈神〉の生産的力を覆い隠している。これに対して、ネグリは自著の意義をこうまとめている。「ここでは、ある存在論が提起され確定されている。それは決して白色でも灰色でもない。それは赤色である」(pp. 334-335)。[8]

註

（1）*Decartes politico: o della ragionevole ideologia*, Feltrinelle, 1970. これは学位請求論文が元になったようである。

（2）*The Political Descartes: Reason, Ideology and the Bourgeois Project*, translated and introduced by Matteo Mandarini and Alberto Toscano, Verso, 2007. 英語訳本からの引用はその頁数を当該箇所に付す。なお、スペイン語訳本も刊行されている。*Descartes politico: o de la razonable ideologia*, traduction de Marta Malo de Molina Bodelon, Akal, 2008. ネグリはこれに「序言」を寄せている。

（3）当時のMassio Cacciariの反応が英語訳本の「翻訳者序文」で紹介されている。

（4）ネグリのデカルト書の紹介に関して弁明を行なっておく。第一に、それは相当に大部なものであってその筋立てのすべてを精確に伝えることは難しいので、いわばその精神だけを伝えることを眼目とする。第二に、ネグリのデカルト書は当時の主要な研究文献すべてにあたっており学術的にも水準の高いものであるが、そうであるからこそ、異論が生じざるを得ない箇所が幾つかある。そのすべてをあげるわけにはいかないので最小限のことだけ註を付しておく。私自身は、ネグリのデカルト書の存在を知りながらもそれを参照しないままネグリに似た問題意識も抱きながらデカルト研究を行なっていた。それについては以下を参照されたい。小泉義之『兵士デカルト――戦いから祈りへ』（勁草書房、一九九五年）。

　なお、デカルトに「政治的」なる形容句を付すことに対しては、当然にも、デカルトを非政治的ないし反政治的と捉える〈伝統的〉立場からの反論を招くことになる。最近のものを二つあげておく。Quentin Taylor, "Descartes's Paradoxical Politics," *Humanitas*, Vol. XIV, No. 2, 2001. Robert T. Tally Jr., "Reason and Revolution Redux: Antonio Negri's Political Descartes," at eCommons @ Texas State University, 2008. とくに前者は、この論点に関わるネグリ以後の文献の情報を得る上で有用である。

　しかし実は、デカルト哲学を政治的と見る別の〈伝統〉も厳然として存在する。百科全書派やフランス革命家以来の伝統である。ここでは十九世紀から二つ紹介しておく。先ずポール・ラフォルグからのものである。

「革命的社会主義者は、ブルジョワジーの哲学者や諷刺家がおこなった論争を、もう一度やりなおさなくてはならない。資本主義の道徳と社会理論に、攻撃を開始しなければならない。行動の要求されている階級の念頭から、支配階級が植えつけた偏見を除去しなければならない。道徳家ぶった偽善者どもの面へ、地球は労働者の涙の谷間ではなくなることを、はっきりと宣言しなければならぬ。「できれば穏便に、しからずんば暴力を用いて」われわれが建設しようとしている未来の共産主義社会では、人間の情念は自由を回復するであろう。というのも、「いかなる情念も本来は好ましいものであり、誤用や耽溺を除いて、避けるべきものではなく」(デカルト『情念論』)、またそれらとて、情念の相互均衡、つまり人体の調和的発達によって、はじめて避けられるべきものだからだ。」(『怠ける権利』[田淵晉也訳、平凡社]「序」)

次に、これとは違った観点からデカルト哲学の政治性を捉えるガブリエル・タルドからのものである。

「最も抽象的な数学的発見でさえも権力に反響する。例えば、デカルトが代数学の幾何学への応用を、あるいは幾何学の代数学への応用を発見したとき……デカルトは、このグラフ化の方式が後になって犯罪率の運動、出生率・死亡率の上下運動などを視覚的に描き出すのに役立つとは予想していなかったであろう。……株式相場をグラフ化する曲線は、諸国家の信用の程度と諸国家の国債の力の程度について眼にも鮮やかな観念を与えてくれるのであり、かかる観念こそが諸国家の軍事力とも大いに関係している。したがって、確かに、代数学と幾何学の関係についてのデカルトの思弁は、何らかの政治的影響を及ぼしてきたのである。」(*Les Transformations du pouvoir*, Les Empêcheurs de penser en rond, pp. 92-93)

(5) ネグリは、デカルトの「不老不死のプロジェクト」の評判を引き合いに出している。このプロジェクトをデカルトは放棄していくことになるが、ネグリはそれでもその「理想」は放棄されていないと解している(p. 85)。この解釈には無理がある。またネグリは、若きデカルトの軍隊経験に関しては通例の解釈に従ってそれを「旅行者の経験」と解している。〈鉛の時代〉以前に書かれたが故にと言うべきだろうが、この点に関しては腰が引けていたと言ってもよい。総じてネグリの描く初期デカルトにおいては、革命運動の敗北の深度が浅いように思われる。

(6) デカルトの〈政治性〉を示すためにネグリが提出する他の議論を二つ拾っておく。第一に、オランダでデカルトが関わった一連の論争をかなり詳しく扱っている。一九七〇年時点でこれに着目したことは先駆的であった。第二に、真空論争を通してジャンセニスムとの政治的対立を取り出そうとしている。これは当時のデカルト対パスカルの図式に影響されている面が多く、解釈上は無理があると思われる。全体としてネグリのデカルト書は、形而上学と神学に関する論点と論争を取り上げていないために、存在論の〈政治化〉が不徹底に終わっている。『情念論』を取り上げていないことと併せ、この点に関する限り、後のスピノザ書の水準に到っていないと言えよう。

(7) ネグリは、そう明言しているわけではないが、デカルトの生涯を通して永遠創造真理説は変わらなかったと想定している。この点は問題である。一九七〇年代以降のデカルト研究においては永遠真理創造説の解釈が最大の争点の一つであった。実は私の学部卒業論文の題目も「デカルトの永遠真理創造説」であった。「近代哲学の祖」「大陸合理論者」と呼ばれていたデカルトが、何と驚くべきことに〈神が数学的真理を創造し、神は2+3=5ではないようにもできた〉と書いていたのである。私には、この理説は、現象学の幾何学起源論よりも、またオッカム流の政治神学やシュミット流の政治神学よりも遥かに凄味のあるものに見えた。私の解釈の基本線は以下の論文で示してある。小泉義之「永遠真理創造説の論理と倫理」(『現代思想』一九九〇年五月号、本書所収)。

(8) 政治的に見るなら、フランスのデカルト研究者は、スピノザ研究者に比すなら、その赤色度は薄かったと言えよう。しかし、近年は、スラヴォイ・ジジェクやアラン・バディウが〈肯定的〉にデカルトに言及してきたこともあってか、いくらかその赤色度を強めてきたように見える。この点に関しては、その赤色度の評価も含め、若い研究者による報告を待ちたい。

I

懐疑と他者——魂の修練としての第一省察(1)

デカルトの『省察』がすぐれて「私自身」の認識と、絶対の他とも言うべき神の知解とを探求する思索であったとするならば、『省察』の「私」がいくつかの重要な場面で「他者」に出会っていることを軽視することはできない。他者とは第一省察においては「黒い胆汁からの手に負えぬ蒸気で脳漿をかき乱されている」者であり(2)、「いとも完全に知っていると思いなすことに関しても過つ」者であり(3)、「呼び醒まされるのを怖れて飼い馴らされた幻想の内で目を閉じる」囚われ人でもある(4)。また第二省察では「自己自身を動かす力・感覚する力・思惟する力」を身体的に表出して「私」を驚かせた者であり(5)、「私が語っている間に」蜜蠟を火に近づける者であり(6)、帽子と外套で身をつつんで「私」の眼下の街路を横切っていった者である(7)。そして第六省察においては「神から欺く自然を得て」病に苦しむ者であるのだが(8)、「私」の覚醒時に夢のごとく「忽然と現われて直ちに消え去り」、そのために「どこから来てどこに去るのか」が「私」には了解できず、かくて「私」の覚醒時の生活とは接続しない者である(9)。

第一省察の「私」は、かかる他者との出会いを通して懐疑を押し進め、他者を見る仕方で自己を省みることによって、「私は何であるか」の探求、あるいはむしろ「私は何であるべきか」の探求を始めるのである。

一　原理としての自己知

デカルトは第一省察を以下のように始めている。「私」は過去に「多くの偽なるものを真なるものとして受け入れてきた」ことに気付いた。よって知識において「堅固で朽ちることのないもの」を確立するためには、「私の意見の全面的顛覆」を果たさなければならない。しかしこれは、意見を個別に吟味することによってではなく、「長らく私の信じてきたすべてのことが拠っていた原理そのもの」を攻撃することによって果たされるべきである。(10)

このように懐疑が向けられるべき「原理」について、次のごとき解釈がなされてきた。それは先ず、感覚が通常の条件の下で外的事物と身体について教えることを真と信ずることであるが、デカルトは睡眠状態という通常ならざる条件下で擬似感覚経験が生ずることに着目して、一般に感覚の認識上の価値を否定し、更には感覚への信頼が含意する、外的事物と身体についての存在信念を顛覆したのである。第二にその原理は、想像力の構成に真実性を認めることであるが、デカルトは想像力の構成が結局は恣意的仮構にとどまることを示して、想像力の援助を要する学問一般の真理性を否定したのである。最後にその原理は、知性の示すことを信ずるという本性、あるいは知性の明証性を真理性と同一視するという本性であるが、デカルトは明証性と真理性とを概念上区別することによって、知性の客観的価値を疑い、更には知性への信頼が含意する、知性的事象についての存在信念を顛覆したのである。

我々はこの種の解釈には決定的な難点があると考える。それは、第一省察が一貫して自己と自己の身体性とを主題としていることを覆い隠してきたのである。たしかにその解釈に従うならば、第一省察の懐疑が、第五省察での知性能力の批判と第六省察での想像力と感覚能力の批判とを動機づけている事情を理解することはできよう。

しかし、第一省察の懐疑が、第二省察と第三省察での自己認識と神の知解とを動機づけていること、更には第四省察において懐疑と過誤が、自己が世界に内属して生きていることにおいて解明されていること、これら二つのことを先の解釈は覆い隠してしまうのである。

かくて懐疑が向けられるべき「原理」とは、「私が何であるか」という自己知、しかも「私」に属するものの説明原理とも産出原理ともなる自己知であると見ることができる。そして原理としての自己知に生ずる過誤の吟味を通して、第一省察は、第二省察から第四省察への思索を動機づけていると見ることができる。以上の論点は本稿の叙述を通して示されることになろう。

しばしば内部感覚の懐疑と称される箇所から検討していきたい。デカルトは「感覚から汲まれはするがそれについて全く疑うことのできぬもの」の例として、「今私がここにいること、炉辺に坐っていること、冬着を身につけていること、この紙を手にしていること」をあげた上で、更に「この両手そのものや身体全体が私のものであること」をあげる。そしてデカルトは自分を或る他者に擬するのでなければ、これらのことは否定しえないとする。即ち「私をもしかして、黒い胆汁からの手に負えぬ蒸気で脳漿をかき乱されて、赤貧でいるときに自分は国王であるとか、裸でいるときに紫衣をまとっているとか、粘土の頭をもっているとか、自分の全ては南瓜型の壷であるとか、硝子で出来ているとか、絶えず主張している狂人に擬するのでなければ」否定しえないとする。(11)

先ず指摘すべきことは、他者の言明がすべて自己(の身体)の知の表現となっていることである。それは、自己の法的地位についての知と、自己の行為ないし姿についての知と、自己の身体ないしは自己全体の質料性についての知である。そしてこれらの知は、個々の感覚や観察、個々の意見によって訂正されたり癒されたりする知ではないし、よってそうした個別のものに依拠する知でもない。逆に、他者の個々の信が依拠している原理としての自己知であると言うべきである。(12)

次に指摘すべきことは、他者は「今私がここにいること」と「この両手そのものやこの身体全体が私のものであること」を直接には疑っても否定してもいないことである。よって自分を他者に擬するとしてもそれらは否定されるはずはないのである。[13] 我々はこれら否定されることのない自己の存在と自己の身体性とを〈生〉と呼んでおくことにする。

その上で我々は「私は硝子である」という他者の言明を例にとって、懐疑の意味を明らかにしていきたい。この他者の言明が、身体の物質性ないしは物体性についての言明ではないことは明白である。他者の言明は実は、一連の体験を身体の質料性によって制約された体験として総括している。他者は自己（の身体）の質料性を言わば無から創造してこれを形相化しつつ、一連の体験を自己に属する体験として整序しているのである。かくて「私は硝子である」という言明は、一連の特異な振舞いや感情の産出原理にして説明原理でもある原理の自覚的表現となっているのである。他方、他者の言明に対応すべき「私」の自己知も、身体の物質性や物体性についての知ではあってはならない。しかるに「私は硝子ではない」という言明は、自己の身体が硝子ではない肉なる物質であるという事実判断、ならびに、自己が硝子ではない正常な質料であるという価値判断、これら二つの判断と不断に混同されていたことに「私」は気付くのである。よって「私」の課題は、一つには自己（の身体）の質料性についての知を的確に言い表わすことであり、二つには自己の身体が正常であることをもって自己の一連の体験を正常とする判断を放棄することである。物質的身体と〈正常な〉物質と質料の身体とは、「私のもの」であってはならないのである。とまれこの段階においては、自己（の身体）の知が一連の体験との関係で果たしている機能を確認することで十分である。

しかし「私」が他者の言明を以上のごとく理解したとしても、あるいはそれを言わば隠喩の相の下に理解したとしても、「私」が依然として他者の言明に〈くるい〉を見てしまうという事実は重要である。ではその〈くるい〉を「私」はどこに見出すのであろうか。我々の見るところ、他者の原理としての自己知が、他者と「私」に共通している生とずれているところに、「私」は〈くるい〉を見出している。実際、他者は首尾一貫して硝子として生き抜くことはできず、まるで他者は自分が硝子ではないことを密かに知っているかのごとく生活する場面が必ずあるのである。しかるに他者は密かに生とのずれを知りつつも、自己知が産出する一連の体験にとらわれてしまうのである。「私」はこの事態に〈くるい〉を見出し、他者の原理としての自己知に過誤を見出すのである。そして「私」は同様の過誤を、過去の自己において顧みていると言うことができよう。

我々は以上の議論を、「私は国王である」という他者の言明と、〈私は臣下である〉という自己知とに関しては、より容易に進めることができよう。また「私は紫衣をまとっている」という他者の言明については、他者が自己を紫衣をまとうべき者と考えることが原理となって、他者の生とずれる体験が産出されてしまう例として見るべきであろう。[14] こうして我々は、「偽なるものを真なるものとして」信ずることの「原理」の機能を、他者において確かめることができたのである。

二　確実な標識の不在

デカルトは夢の議論[15]を以下のように締め括っている。「これらのことを一層注意深く思惟する際には、覚醒は睡眠から確実な標識によって区別されえないことがわかり、私は呆然としてしまい、この驚愕そのものが私に夢の意見をほとんど確証してしまうほどである」。デカルトはここで精確に言って何に驚愕しているのであろうか。

夢の議論の中間部分は以下のように進められていた。「私」は「私がここにいること、服を着こむこと、炉辺に坐っていること」といった「平素の慣わし」を過去に何度も夢みたことを想起する。同時に「私」は、そうした夢をみていたときに「着物をぬいで床に臥って」いたことも想起する。その次に「今は確かに覚醒した目で私はこの紙を見つめ、私の振り動かしているこの頭はまどろんではいないし、この手を私はそれと知りつつわざと伸ばして感覚している」ことが確認される。しかしまた「私」は、「この類いの思惟によって別のときには睡眠中にだまされた」ことを想起する。この後に、先に引用した夢の議論の締め括りの箇所が続くことになる。

この夢の議論はしばしば以下のように解されてきた。夢の思惟がその時の身体の姿や状態に適合していなかったことは明らかである。他方、覚醒時の思惟と夢の思惟とを区別しえる内的徴表は存在していない。よって覚醒時の思惟もまた、身体の真の姿や状態に適合していないと疑われるのである。例えば、今「私」は手を伸ばしていると思惟しているが、実際には手が伸びてはいない可能性に、デカルトは驚愕したと解されてきた。かかる解釈は、夢の議論の狙いが、身体＝物体の現存在と所有を疑うことによって、「私のもの」たる主観性の領域を確保することにあると解している。しかしこの解釈は、物体性と身体性との相違を覆い隠し、ひいては主観性の領域を殆ど空虚なものとしてきたのである。たしかに夢みていた「私」は、その時に横たわっていた身体＝物体を「私のもの」とは考えていなかった。また目覚めている「私」がこの意味で、身体＝物体を「私のもの」と考えていないことは日常茶飯事であり、別に驚くほどのことでもない。しかしこの事態が直ちに「私」の身体性の否定を含意すると論ずるためには、自己の存在と身体性の知と自己の行為の知とを、いわゆる表象知に還元できるとする不当な前提と、自己の身体性を物体性に還元できるとする不当な前提とを必要とする。(16) 我々はかかる前提を他者の体験において証示しえるとは考えないし、夢の議論がかかる前提の証示を狙っているとも考えない。夢の議論の意義は他のところに求められるべきである。

夢の議論はこう始まっていた。「しかし他者は正気なき者であって、もし他者の例に私が倣えば、私自身もまた心神喪失者と思われよう」という評言に関して、この評言は「自明にして健全な」物言いではあるが、それは「私が人間ではないかのごとく」装う限りにおいてのみ、「自明にして健全な」価値判断として通用しているにすぎないのである。(17) しかし「私」が人間であることを省みるならば、この価値判断はきわめて疑わしくなってくる。即ち「私」は「夜には眠り、睡眠中には他者が被るのと同じことをすべて、時折はより真実ならざることを被るのが習いである」ような人間なのである。しかも何よりも驚くべきことには、その同じ夢の内に「平素の慣わし」が立ち現われるのである。かくて、他者が覚醒時に夢のごとき幻想を被りつつ、それなりの平素の慣わしを生活しているのと同様に[18]、「私」は睡眠時に幻想を被りつつ、平素の慣わしを体験していること、これにデカルトは戸惑ったのである。しかも他者と「私」を区別する標識が、およそ「私のもの」とは言えない身体＝物体の物理的・生理的状態の相違を根拠とした価値判断でしかなかったこと、これにデカルトは驚愕したのである[19]。

こうして他者を見る仕方で自己を省みること、換言すれば、原理としての自己知と生との〈くるい〉を自己においても確証すること、そして他者を告発する「証拠＝標識（indicium）」の不在を示すこと、これが夢の議論の意義なのである。

三　自己知の構造

夢の議論に続く、夢ないしは現実の分析は、他者と「私」に共通している原理としての自己知、これの構造を分析していると見ることができる[20]。この分析は、ある事象が他のものによって構成可能な事象であることを示すことによって、当の事象を架空なる虚構として現出せしめて、最後に事象の究極的構成要素たる「単純で普遍的なもの」を析出してこれを真なるものとして呈示して終わる[21]。先ず分析の出発点ないし所与は「われわれが目を開くこと、頭を動かすこと、手を伸ばすこと」、そして「われわれがかかる手をもつこと、かかる身体全体をもつこと」といった「個別的なこと」である[22]。次に、この個別的な事象は、「目・頭・身体全体」などの「一般的なもの」によって構成された事象として解明される。そして最後に一般的なものは、「物体的本性一般・その延長・延長する事物の形・量・大きさと数、場所、時間」などの「単純で普遍的なもの」によって構成されたものとして解明される。

この分析で逸してはならないことは、一般的なものは単純で普遍的なものによって構成されるものであるが故に虚構として現出するのだが、虚構なる一般的なものとしては「目・頭・手」といった器官があげられて、「身体全体」はあげられていないこと、これである。このことの意味を二つの面から指摘することができよう。第一に、デカルトが「われわれがかかる身体全体をもつこと」を諸器官の複合体の所有と見るのを拒否していることになる。実際、我々は自ら動くことによって自己の身体の諸部分を分節化した上で、日常語法や自然学を用いつつ諸部分を諸器官として把握して、ついには自己の身体を諸器官の複合体として想像するのであるが、自ら動くものの身体性をそのような仕方で想像することはできないのである。(23) 第二に、構成されるものは「われわれの思惟の内にある」とされているのだから、単純で普遍的なものによって構成された身体全体はそのようなものとして「われわれ」によって知られていることになる。しかも構成された身体全体が虚構として現出することがないのは、「われわれ」が構成された身体全体をそのようなものとして生活していると、「われわれ」が知っているからに他ならない。

こうして我々は、単純で普遍的なものから出発する知の体系と自己の身体の知とが織り直す構造を素描することができたが、デカルトはかかる知の典型としてここでは機械論を念頭に置いていると見ることができる。この機械論は、自然物の再現を目指す学、即ち構成された複合物が事物の本性に適合することを目指す学ではなく、むしろ「最も単純で一般的な事物しか取り扱わず、これらが事物の本性のうちにあるか否かにはさして気を配らぬ」学であると見ることができる。(24) しかもそれ故に、この機械論は「われわれ」の本性に適合していると思わせる効果を発揮することにもなるのである。

デカルトは『方法叙説』第五部において、(25) 真の人間と、「われわれの身体に似ていて、実際上可能な限りわれわれの行動を模倣する機械」とを区別する手段について論じているが、そこでのデカルトの実質的な論拠は、語を多様に配列したり生活の多様な状況に対処したりすることを可能とする力学的・幾何学的装置を、等身大の一個の機械に内蔵することが実際上不可能であるというにつきる。よって生活の多様な状況に対処する「普遍的道具」としての理性と、有限の状況に対処する装置との間には、量的相違があるだけで質的相違はないのである。(26)デカルトがこうした見地をとるのは、第一にデカルトがこの場面で無際限性と有限性との概念的区別に成功していないからであり、第二にデカルトが行為を心身結合の領域の事象と捉えていないからでもある。(27)しかし今重要なことは、デカルトが真の人間と機械との間に量的相違しか見ないことが、逆に人間を機械として把握する効果を発揮すること、これである。実際デカルトは人間の行動の大部分が自動機械のごとくに遂行されていると把握するのであり、しかも人間の特異性を、自動機械のごとき行動をそのようなものとして感知することとして把握するのである。(28)自己の一連の行動を、単純で普遍的なものによる機械論的構成体の運動として表わす知の体系には、自己を機械のごとく知る効果、しかもこの自己知を原理として一連の行動が総括されて整序されると知る効果があるのである。

このように知の体系によって仕切られた自己知の構造は、行動に適用された機械論においてのみ見出されるのではない。デカルトは、人間の思惟の秩序を、原始語から出発して構成される言語の秩序と同一視する可能性を一時的にではあれ考慮していたし、少なくとも想像の秩序を単純観念から出発する秩序として把握できると考えていた。(29)またデカルトは分析の議論において、絵画を構成している色なる感性的概念を単純で普遍的なものに比定していたが、同様にして、人間の感性的経験や感情生活を、単純観念や基本情念の複合として構成する知の体系を創出しえたはずである。(30)そして重要なことは、一般に人間の生活の様々な局面について知の体系を創出することが、現に自分がその知の体系に即して生活していると知らしめる効果を発揮してしまうこと、これである。逆に言うならば、自己(の身体)の知が説明原理かつ産出原理として機能しているかのごとく知られるのは、単純で普遍的なものから出発する知の体系の囲いの内部においてのみなのである。(31)

四　欺く神の懐疑

ゲルーはデカルトの懐疑が立てた問いは、知性の表象の可能性の条件が実在的なものの可能性の条件と適合するか否かという問いであり、この意味で知性認識の客観的価値が問われているとした。[32]この問いを哲学の基本的問いと見做すとき、「私」が自己知を含む知の体系の客観的価値を保証するような仕方で生活している事態を、この基本的問いの解決と見做す傾向が出てくる。かくてこの事態は、自律あるいは自己実現といった名の下に称揚されることになる。そしてまた、生活の一定の局面を知の体系に形式化することは、自己の生活の知り方を再組織して、原理としての自己知の下に総括し整序せしめる効果を発揮するために、形式化された知の体系はつねに実証知を装うことにもなる。欺く神の懐疑は、こうした仕組みが全体として、恒常的な過誤ではないのかと問うのである。

デカルトは「最も単純なものと一般的なもの」のみを取り扱う学には「何か確実で不可疑なもの」があるとした後に、欺く神の懐疑を呈示する。

「私の精神には、何ごともなしうる神がいて、この神によって私が現存するように創造されたという古い意見が刻みつけられている。しかし神は、地球も天上界も延長する事物も形も大きさも場所もないのに、それらすべてが今私には現存していると思われるようにしなかったといかに知るのか。しかもまた、私は他者が自分はいとも完全に知っていると思いなすことに関して過っていると時折判断するが、それと同様に私が、二に三を加えたり四角形の辺を数えたり……するたびごとに私が誤るように神はしなかったといかに知るのか。[33]」

欺く神の懐疑の解釈においては、加法や数え上げの例を単純で普遍的なものの結合の一例として解し、個別の結合判断ではなく単純で普遍的なものから出発する知の体系全体が過誤であると疑われていると解すべきである。

しかも欺く神は「私」の現存在ないしは生活の一定の局面の創造者であると想定されているのであるから、知の体系が生ぜしめる自己知と自己知を原理とする「私」のあり方とが疑われていると解すべきである。(34)欺く神の懐疑は、数学的真理のみについての懐疑ではないし、数学的判断に代表される現前する明証性についての懐疑なのでもない。(35)

デカルトは先ず神の全能性を援用して、事物が存在していないのに現存在しているように見えていると想定している。ここでデカルトは、単純で普遍的なものによって地球や天上界を再現しようとする自然学的な知の体系を主題としていると見るべきである。そしてこの知の体系への懐疑の意味を明らかにするためには、神の全能性をめぐる応接を考慮する必要がある。(36)即ち言わば無神論者は、神にこれほどの力能を認めて事物の現存在を不確実にしてしまうよりは、「私」の起源の創作者に力能の劣る原因を指定して事物の現存在を確実にした方がよいと立論するのである。この立論に対してデカルトは殊更に反論することなく、かかる全能性は虚構であるとしてもよいと譲歩するのである。この譲歩の要点は、起源の創作者の力能が劣るほど、「私」が恒常的過誤に陥るほど不完全であることが確からしくなるという論点に存するのではなくて、(37)欺く神の懐疑の前段は、実質的には全能性を援用することなく提出されうる懐疑であるという点に存するのである。そして懐疑の実質的内容はこう解することができよう。一般に知の体系は、一定の指示対象について真であることが要請されるが、指示対象について真であるということを、当の知の体系内で自証することはできない。他方、指示対象の現存在を確証することによって、当の指示対象についての理論であると自称する知の体系の真理性が保証されるわけでもない。よって指示対象が現存在するか否かに関わらず、換言すれば神が全能であるか否かに関わらず、知の体系はその真理性を自証できないという懐疑は可能なのである。より正確に言えば、知の体系はそれ自体としては真とも偽とも言えないこと、これが懐疑の実質的内容である。(38)

次にデカルトは神の創造者性を援用して、他者の過誤と「私」の過誤とを問題にしていく。先ず「私」は他者が常に過っているとき時折判断するのであるが、その他者の恒常的過誤とは何かが問われなければならない。これを、他者が異質な知の体系を奉じたり、首尾一貫して奇妙な算術を遂行したりすることと解する傾向があるが、すでに知の体系はそれ自体では真とも偽とも言えないのであるから、異質な知の体系を過誤と称することは、「私」による外的命名にすぎないことになる。よって、他者が一定の知の体系を奉ずることが他者自身における内的過誤であると、「私」が時折判断しえる事態を考えなければならない。欺く神は、他者の現存在、即ち他者が知の体系に従って自己実現している生活、これの創造者である。更に欺く神は、知の体系と自己知とを自明視してしまう他者の本性の創造者でもある。(39) そしてこうした他者の現存在と本性とが、他者の生とのくるいを生じている事態、ここに「私」は他者自身の内的過誤と欺く神による欺瞞とを同時に見出したのである。(40) 残る一歩は、「それと同様に私が」恒常的過誤に陥っていることを省みることである。

こうして我々は欺く神の諸属性について明確な理解を得ることができる。先ず全能性は、直接に恒常的過誤に関与する属性なのではない。とくにゲルーも指摘していたように、神の全能性は一定の数学的体系を、これと矛盾する他の数学的体系と置換する力能ではない。(41) 神の全能性は正確に言えば、現に存立している数学的真理を、その起源において非真理ないしは真理の不在と置換しえた力能であって、(42) これを恒常的過誤との関係で見るならば、知の体系と自己知とを自己実現している「私」の現存在と、知の体系と自己知をそのようにして自証して自明視する「私」の本性とを、創造しないでおくこともできた力能と解することができるのである。次に神の善性については、それと恒常的過誤との関係についてデカルトは屈折に富んだ議論をしているが、(43) デカルトが両者の関係について迷っていることが重要である。神の善性はすぐれて心身結合の領域すなわち生の領域に関与する属性である。(44) そして他者の恒常的過誤は他者の生にも危険をもたらすだろうから、他者の現存在と本性との創造者と、他者の生の創造者が仮りに同一であるとすると、その善性と恒常的過誤とは両立していない。他方「私」が恒常的過誤に陥っているとしても、「私」はさしたる危険もなく生活し生き延びてきたのであるから、ここでは善性と恒常的過誤は両立していると言うべきなのである。いずれにせよ神の善性は、欺く神の懐疑の成立を妨げはしないのである。かくて最後に、「私」の現存在と本性との創造者であること、これが欺く神の属性であることになる。以上より欺く神とは、起源において全能であったとしても、今は「私」を無化できない者であり、他者に対しては善性を発揮することのないままに、「われわれ」に恒常的過誤を強いている者である。しかも欺く神はひとつではなく、明らかに複数存在しているのである。(45)

五　悪しき霊の懐疑

欺く神の懐疑と悪しき霊の懐疑との関係をめぐっては長い論争史がある。(46) 我々は両者の異同をめぐって承認されてきた諸点に関しても根本的な再検討が必要であると考えているが、ここでは前者の懐疑から後者の懐疑への移行の意味を明らかにするために、二つの懐疑の間で「意見」が主題となることの意味を考えていきたい。

欺く神の懐疑に続いてデカルトは、〈意見の懐疑〉と呼びうる懐疑を呈示していく。(47) 欺く神の懐疑をはじめとする懐疑は、たしかに「有力で省察された理由」によって進められてきたのであるが、それでもなお「習慣となった意見」は絶えず舞い戻ってきて、「長い間の慣用と馴染みという特権」のために「私」はその意見を信じこんでしまうのである。というのも、意見は「疑わしい」にしてもやはり「蓋然的」ではあって、それを否定するよりはそれを信ずる方が理に適うと見えてしまうからである。そこで「意志を反対方向に向けて私自身を欺き、その意見を暫時偽にして架空であると仮想する」ことによって、習慣のために「私」の判断が「正しい知得」からそれることのないようにすることが提案される。そして今は「行動」にではなく「認識」に専念しているのだから、この仮想に危険や過誤は伴わないことが註記される。

この懐疑について予め二つのことを指摘しておきたい。先ず、欺く神の懐疑を数学的判断のみに関わると解してしまうと、数学的判断はおよそ「蓋然的」意見ではないし、数学的明証性についての確信が「習慣」と呼ばれるはずもないから、欺く神の懐疑と意見の懐疑との間には断絶があると見えてしまう。しかし我々の解釈はこの断絶を解消する。実際、知の体系と自己知に従う自己実現と、これを自明視する本性とは、それが自己の生の全体をくまなく囲い切るなどと考えるのでなければ、自己の生のささやかな一断面ないしは生活の習慣にすぎないのである。知の内容がいかに精緻かつ全体的であり、知の作用の主体をも自らの内部に繰り込むほどに冴え返っているとしても、この知の作用が過ぎ去ってしまえば、そのように知ることは「習慣となった意見」であったと思い知らされるのだ。そして第二に、知の体系と自己知は、「善と真の理由」に関わる実践的認識でもあったからこそ「蓋然的」と評されてよいのである(48)。意見の懐疑は「行動」に専念していないにしても、「行動」の「認識」には専念していることが見逃がされてはならないのである。

かくて意見の懐疑とは、例えば「私は臣下である」という自己知を原理としている一連の実践的認識について、それが蓋然的であるという認識を唯一の理由として、その実効性を奪って虚構化することである(49)。そして「私は臣下である」という意見への「同意を差し控える」とは、その意見が画定する一連の行動を自己の行動として認識しないということである。デカルトはこの懐疑を最高の「不信＝不服従（diffidentia）」と呼ぶのである。

しかしこの意見の懐疑には明らかに弱さがある。第一に、自己の意見を虚構化して同意を差し控えることは、実践的認識としては無にすぎない。しかも第二に、意志が向くべき反対方向に、他者の意見しか見出されていないとすれば、その方向には依然として「私」にとっては何も無いのである。そして第三に、「私」がいかに不信をたくましくしているにせよ、依然として「私」が臣下として生活している事実、あるいはむしろ「私」が臣下であることを不断に負荷されている事実、これはいささかも揺らいではいないのである。ここに見られる意見の懐疑の弱さは、まさにデカルトが批判する懐疑論者の弱さと同質である(50)。そこでデカルトは悪しき霊の懐疑を呈示するのである。

「私はそこで、真理の源泉たる最善の神ではなくて、悪意にみちた、きわめて力能があって狡智にたけた霊が、その才智を傾けて私を欺こうと算段していると想定しよう。即ち天上界・空気・地球・色・形・音そして外的なものの一切が夢の愚弄に他ならないと考えよう。……私自身を手・目・肉・血・何らの感官ももたぬもの、偽りでそれらすべてをもつと想っているものと見做そう。この省察に身を持してあくまでとどまろう。[51]」

デカルトはその現存在が疑われるものを、おそらく意図的に無秩序にあげている。そして前節の全能性の解釈から明らかなように、この懐疑の実質的内容は、様々なものを主題とする意見を虚構化するところにある。そしてこの意見が外部からの自己への負荷であることの認識、ここにこの懐疑の主眼がある。かくてデカルトの「省察」とはこういうことになる。先ず「私自身」を一切の意見をもたぬものと見なすこと、即ち習慣となった意見と生活の習慣とを撥無した「私」の生を認識すること、これが本来省察の目指すべき「正しい知得」なのであるが、これは明らかに困難すぎる課題である。そこで「正しい知得」からは一歩退くことにはなるが、意見の懐疑からは一歩進んで、「私自身」を偽りで意見をもたされているものと見做すこと、即ち虚構の意見と生活を外部からの「私」の生への負荷として認識すること[52]、これがデカルトの省察に他ならないのである。

第一省察は少なくとも一つの積極的成果を得て終わっている。即ち、「呼び醒まされるのを怖れて飼い馴らされた幻想の内で目を閉じる」囚われ人である他者、この他者と同じように、「難題の解き難い闇の中」に自分も囚われていることを「私」は知ったのである[53]。

註

デカルトのテキストからの引用は *Oeuvres de Descartes*, publiées par Ch. Adam et P. Tannery（以下 AT と略記）による。ただし『省察』からの引用は巻数（AT. VII）を省略する。

（1）「省察（meditatio）」は倫理的・宗教的修錬も意味していた。cf. E. Gilson, *Etudes sur le rôle de la pensée médiévale dans la formation du système cartésien*, 1930, pp. 186-187. メルセンヌはデカルトに対してこう書いていた。「幾年もあなたは不断の省察によって魂を訓練してきた。」Obj, II, p. 122, l. 7-8.

（2）MI, p. 19, l. 1-2.

（3）ibid. p. 21, l. 8-9.

（4）ibid. p. 23, l. 13-14.

（5）MII, p. 26, l. 20-23.

（6）ibid. p. 30, l. 15-16. アルキエはここの仏訳（AT, IX-1, p. 23）も参照して蜜蠟を操作しているのは「私」ではないと解している。F. Alquié, *La découverte métaphysique de l'homme chez Descartes*, 1966, p. 192.

（7）MII, p. 32, l. 7.

（8）MVI, p. 84, l. 13-15.

（9）ibid, p. 89, l. 25-p. 90, l. 2.

（10）MI, p. 17, l. 2-p. 18, l. 14.

（11）ibid. p. 18, l. 15-p. 19, l. 8.「南瓜型の壷」の原語は cucurbita であるが、これには「吸い玉」（ventouse）の意もある。吸い玉は血膿を吸い取る硝子製の器具であって、他者は自分が膿だらけと言っていることにもなる。この言明は、しばしば自己を膿に喩える神学者の言説を想起させる。川俣晃自「若きベリュール・ミラノのイサベッラの啓示」（『思想』一九八九年三月号）参照。また身体を硝子と言うことは、精神を透明物に喩える言説を攪乱しているとも言える。J. F. Bordron, *Descartes*, 1987, p. 34.

（12）他者の言明は自己の「知」とではなく自己についての「信」と呼ばれるべきと考えられるかもしれない。しかしここでは他者の「知」を「信」と評する「私」の権能も疑われていく。更には「国王であること」や「スパイであること」を確定する審級の存在を前提とした上で、「知」と「信」の区別を云々することも許されない。

（13）ある種の他者に自分を擬せば、どんなに途方のないことでも想定できるという思いこみを捨てなければならない。

（14）だからこそ『省察』では自己が観念を産出する作動者ではないかということが問題となる。MIII, p. 39, l. 11-12, MVI, p. 77, l. 27. cf L'entretien avec Burman, AT, V, p. 152.

（15）MI, p. 19, l. 8-22.

（16）拙論「デカルト哲学における観念と存在」（『哲学』第三六号、一九八六年、本書所収）参照。

（17）Praeclare sane, tanquam non sim homo (MI, p. 19, l. 8).

（18）デカルトは夢みる人の生理的状態と狂いのそれとを同一としている。Dioptrique, AT, VI, p. 141.

（19）cf. G. Rodis-Lewis, *L'oeuvre de Descartes*, 1971, t. I, p. 225.

（20）MI, p. 19, l. 23-p. 20, l. 19. この分析は「われわれ」という人称で進められている。なお第一省察で「われわれ」という人称で叙述されている箇所はここと、「小さなものや遠くのもの」についての感覚の錯誤を指摘する箇所（MI, p. 18, l. 19-20）と、神の全能性をめぐる議論（MI, p. 21, l. 19-20）である。

（21）M. Gueroult, *Descartes selon l'ordre des raisons*, 1953, t. I, p. 34-35.

（22）「手」や「身体」に「かかる」という限定の付いていることに注意したい。即ち身体の姿や運動だけではなく身体の質料性や強度も問題となっている。

（23）MII, p. 28, l. 1-19, cf. M. Henry, *Philosophie et phénoménologie du corps*, 1965, p. 80-84. また自然学的に言っても「目・頭・手」は恣意的構成体と言うべきである。また「運動」は第二省察ではじめて「虚構」と言われることに注意したい。MII, p. 24, l. 17.

（24）cf. MI, p. 20, l. 20-31. またデカルト機械論のかかる意義については、P. Guenancia, *Descartes*, 1986, Chap. 3.

（25）Discours de la méthode, V, AT, VI, p. 56-59.

（26）F. Alquié, *op. cit.*, p. 144.

（27）この点については検討したことがある。「デカルトにおける行為と情念」（日本哲学会第四六回大会研究発表、一九八七年）。

（28）à Plempius pour Fromondus, 3 oct. 1637, AT, I, p. 413.

(29) à Mersenne, 20 nov. 1629, AT, I, p. 76-82.

(30) 同様に、一連の行為や感情を、「国王」や「臣下」という一般的なものを構成する基本概念によって複合して構成する知の体系も考えたはずである。

(31) アルキエは知の体系が疑われることを正しく見ていたが、知の体系が自己知を生ぜしめることを見ていない。よってアルキエの言う「形而上学的に発見される人間」(F. Alquié, *op. cit.*, p. 5-6) は、この段階での自己と同型である。

(32) M. Gueroult, *op. cit.*, t. I, p. 38.

(33) MI, p. 20, l. 23-p. 21, l. 11.

(34) Recherche de la vérité, AT, X, p. 512, l. 1-5.

(35) 欺く神の懐疑を数学的真理との関係で見る諸解釈の難点については以下のものを参照。H. Ishiguro, "Reply to J. Bouveresse," *Revue internationale de philosophie,* 1983, "The Status of Necessity and Impossibility in Descartes," in *Essays on Descartes' Meditations* (ed., A. O. Rorty), 1986, 拙論「デカルトにおける数学の懐疑」(東京大学文学部哲学教室『論集』第三号、一九八四年、本書所収)。また欺く神の懐疑を、数学的事象の本質と知性の明証性との一致についての懐疑とする解釈 (M. D. Wilson, *Descartes,* 1978, p. 33, J. M. Beyssade, *La philosophie première de Descartes,* 1979, p. 50) については、その種の疑いは数学的にのみ解消されるのであり (Resp, IV, p. 225, l. 4-25)、知ることのみによっては解消されない過誤が問題となっているここでは不適切な解釈である。拙論「デカルトにおける数学の懐疑 (II)」(東京大学文学部哲学教室『論集』第四号、一九八五年、本書所収) 参照。

(36) MI, p. 21, l. 17-27.

(37) この論点は本来デカルトの認めない論法である。(Resp, V, p. 349, l. 8-11) この論法は無神論者に対してのみの対人論法である。

(38) 山下登「デカルトの『省察』における方法的懐疑について」(九州大学哲学会『哲学論文集』第一一号、一九七五年) 参照。

(39) MIII, p. 36, l. 6.

（40）恒常的過誤は、外部から負荷される知との関係で見られた自己欺瞞でもあると言うことができる。サルトルの自己欺瞞の分析にはこの観点が欠落している。J. P. Sartre, *L'être et le néant*, 1943, p. 87.

（41）M. Gueroult, *op. cit.*, t. I, p. 24, n. 32.

（42）この点については註（35）の文献を参照。この解釈はR. Desgabetsに遡ることができる。G. Rodis-Lewis, "Polémique sur la creation des possibles et sur l'impossible dans l'école cartésienne," *Studia Cartesiana*, 2, 1981.

（43）MI, p. 21, l. 11-16.

（44）M. Gueroult, *op. cit.*, t. II, p. 154, 170 et 219.

（45）à Buitendijk, 1643, AT, IV, p. 64.

（46）cf. G. Rodis-Lewis, *L'oeuvre de Descartes*, t. I, p. 234-237, t. II, p. 521-524.

（47）MI, p. 22, l. 2-22.

（48）第四省察における意見の懐疑の回顧を参照。MIV, p. 57, l. 29-p. 53, l. 1 et p. 59, l. 19-27.

（49）これはアクラシアの問題群に通底している。拙論「動くことと動かされること」（東京大学文学部哲学教室『論集』第四号、一九八七年）参照。

（50）Discours de la méthode, AT. VI, p. 29, cf. H. Gouhier, *La pensée métaphysique de Descartes*, 1962, p. 35-36.

（51）MI, p. 22, l. 23-p. 23, l. 4.

（52）cf. O. Hamelin, *Le système de Descartes*, 1911, p. 107-119.

（53）MI, p. 23, l. 9-18.

デカルト哲学における観念と存在——物質的事物の存在証明に即して

デカルトは物質的事物の存在証明の課題を「実際に世界があり、人間は身体をもつ」ことの証明に置いていた。しかもこの証明の内実を、世界と身体の存在について人間が抱いている日常的了解の諸根拠を開示することと同一視してもいた(1)。しかるに第六省察において存在を証明された世界は、純粋数学の対象と解される限りでの世界であり、また人間がもつとされた身体は、他の諸物体とならぶ一つの物体に過ぎないし、内感のみによって見出される身体に過ぎないのである(2)。つまり物質的事物の存在証明を通して、人間の身体性と世界の存在性は、たんなる物体性や延長性へと切り詰められてしまうことになるのであり、かかる事態が生じた理由を探求することが本稿の目標である。

物質的事物の存在証明の課題は、心身結合体たる人間が日常的にいかに自己の身体性と世界の存在性を了解しているかを開示することにあったにも拘わらず、デカルトが身体と世界の存在性を数学的延長性に還元してしまったことの最大の理由は、『省察』の段階のデカルトが心身結合の領域に特有な本源的概念に、意志的行為の概念を算入していなかったことに求められよう(3)。デカルトは意志的行為の概念を、身体と実在的に区別された思惟の領域の概念としてのみ扱おうとするのであり、このことがデカルト哲学の第一原理たるコギト・スムの解釈に特別の困難をもたらし、ひいては物質的事物の存在証明の結論を歪めることになる。この事情を、第一省察での夢の懐疑の内実の検討から始めて明らかにしていきたい。

デカルトは世界と身体の存在を疑わしいとする懐疑を以下のように進めている。(4)「細かなものや遠くのもの」に関して外部感覚は時折誤った情報を与えることがあるから、外部感覚に対して全幅の信頼を置くことはできない。他方、「同じく感覚から」知られることのうち「今私がここにいること、炉辺に坐っていること、冬着を着ていること、この紙を手にしていること、この両手と身体が私のものであること」などは、誤り得ないようにみえる。しかし夢の中では、実際にはそうではないのに「私がここにいて服を着て炉辺に坐っている」という情景を夢みることがあるから、「今、目ざめつつ……この手を意志的にそれと知りつつ伸ばして、それを感覚している」ことも夢の中での情景ではないかと疑われることになる。そして覚醒を夢から分かつ確実な標識がないのであれば、世界と身体の存在についての日常的了解は、夢の中での空想から区別されないことになる。

この夢の懐疑において最も注目されるべきことは、外的事物についての感覚・自己の居場所についての「感覚」・自己の意志的行為についての「感覚」、これらが明確に区別されて論じられていないことである。デカルトの夢の懐疑はこれらについての知識を同じ種類の感覚知として扱うことで成り立っている。

先ず外的事物についての感覚の場合、それによって与えられる情報のうちには、ある観点の下では不適切な情報があり得るから、外部感覚に全幅の信頼を置かないことにはある実際上の意義が認められよう。同様に、たとえば「冬着」を着ていることが外部感覚によって知られている限りでは、「冬着」が実は「夏着」であることが同じく外部感覚によって確かめられる可能性があるから、「冬着」を着ていることについての外部感覚に信を置かないことにもそれなりの意義が認められよう。

しかし自己の居場所や自己の身体性の「感覚」にこうした見地を適用することはできない。たとえばデカルトが懐疑の論述を狂人の例に倣って進めることを拒むことで暗に認めていたように、自己の身体をよく観察した結果、それが実は「粘土製の頭」「ガラスの吸い玉」から成ることがいつか知られるということはあり得ないのである。デカルトにおいてもデカルトが例としてあげた狂人においても、「今私がここにいること」「この両手と身体が私のものであること」についての「感覚」は誤り得ないのであるし、更にこの「感覚」は外部感覚が成立する上での本質的条件であるが故に、外部感覚によって知られたり訂正されたりすることはないのである。そこでデカルトは夢の懐疑に進むのであるが、夢の中でみられる居場所や身体は、高々対象化された身体あるいは観察された身体の「ある画像」に過ぎないのであって、[5] 他方夢みている主体には、居場所と身体性が欠如しているはずであるから、自己の居場所と身体性の「感覚」は身体と世界の存在を括弧に入れても残るような意識事実ではないと言わねばならない。夢の懐疑の狙いはここで先ず頓挫していることになろう。

同様の議論は「この手を意志的にそれと知りつつ伸ばして、それを感覚している」場合にも適用することができる。デカルトは、実際には手が伸びていないのにも拘わらず、手を伸ばしている夢をみることがあるとする。換言するなら、実際に手が伸びていなくとも「手を伸ばしている」という「感覚」が生起し得るのであり、当の「感覚」の正誤は手の移動の観察によって決せられるとデカルトは主張していることになる。しかし、「手を伸ばしている」という「感覚」は、実際に手が伸びるのでなければ、あるいは手が伸びることが感覚され得るのでなければ生起しないと考えられるし、他方、夢の中でみられる手の動きは、手が伸びることの画像であって、手を伸ばすことの画像ではないと考えられる。この点に関連してデカルトは以下のように述べている。「苦痛の感覚などは、身体から区別された精神の純粋思惟ではなく、実在的に身体と結合した精神の不分明な知覚である。かくて天使が人間の身体に結びつけられるなら、天使はわれわれのようには感覚しないで、外的対象によって引き起こされる運動のみを知覚するのであり、この点で真の人間とは異なるであろう」[6]。この見地は行為の「感覚」にも適用されなければならない。天使はたしかに手が伸びることを観察したり夢みたりすることはできても、手を伸ばすことによってそうした知覚を得るのではない。天使は端的に手を伸ばすことの「感覚」をもつことはできないのである。つまり行為の「感覚」は苦痛の感覚と同様に、心身結合体たる人間に特有の概念であるから、行為の「感覚」は身体の存在を括弧に入れても残るような意識事実ではないのである。他方、動作を夢みることはできても行為を夢みることはできないと考えられる。かくてデカルトの夢の懐疑は、行為を動作へ、行為の「感覚」を動作の観察へと還元することによって、心身結合の独自の領域を逸する帰結を招くことになるのである。行為主体が天使のごとき観察の主体から明確に区別されていないことは、デカルト哲学の第一原理たるコギト・スムの解釈に特別の困難をもたらすことになる。

ガッサンディはデカルトのコギト・スムについて以下のような批判を加えた。[7] デカルトは自己の存在の根拠を「私はある、私は存在する」という「言明」を言表したり認識したりすることにのみ置いている。しかしこのような根拠をもとに結論される存在者は、高々言語能力をもつだけの存在者に過ぎなくなってしまう。そもそも自己の存在を結論する上で、かかる言語上の「道具立て」は不要である。一般に「活動する(agere)ものが存在することは自然の光によって明白だから、同じことをいかなる活動からも結論できたであろう」。

これに対してデカルトは以下のように応じている。[8] ガッサンディが「いかなる活動からも同じことを結論できた」とするのは全くの誤りである。というのも思惟なる活動を別にすれば、いかなる活動も確実に知られ得ないからである。たとえば「私は歩行する、故に私はある」ということは、「歩行することの意識が思惟である限りにおいて」そのように推論することができる。しかし夢の中で歩行していると思惟するときにも、実際には身体の運動がないことがあるから、歩行なる活動は確実には知られ得ないのである。よって、歩行していると思惟することから、そのように思惟する精神の存在は推論できるが、歩行する身体の存在は推論できないのである。

ここに「歩行していると思惟する」と言われるときの「思惟」の性格が問題となる。先ず覚醒時を念頭において考えてみる。この場合、実際に身体の運動が伴わずとも、歩行しているという思惟が生起するとデカルトは言うのであるが、そうした歩行の思惟とは、「私が歩行している」という「言明」を言表ないしは認識することか、この言明の内容を一定の身体運動として想い描くことかのいずれかに帰着するであろう。とするとデカルトがコギト・スムにおいて定立する存在者は、ガッサンディが指摘したように、高々任意の活動についての言明を理解したり想像したりする存在者に過ぎないことになってしまう。しかしデカルトが定立したかった存在者は、行為を「感覚する」存在者でもなければならなかった。(9)

たしかに歩行の思惟あるいは歩行の意志を、身体運動を括弧に入れても残る意識事実と捉えるデカルトの見地にはそれなりの妥当性がある。というのも他者は身体運動をいかに観察しても、当人が「歩行していると思っている」か否かを決することはできないし、一定の身体運動をまさに歩行として画定し意味づけるのは当人が抱くところの歩行の思惟に他ならないからである。そして行為についての思惟や意志を身体運動から区別し得る文脈、とりわけ時間的先後の文脈があることも確かである。しかしこのような思惟や意志と身体運動とのずれは、過去にすでに「意志的にそれと知りつつ行為し、それを感覚する」経験をもった存在者にとってのみ可能であると考えられる。というのも行為においては、行為の思惟や意志と身体運動の感覚とは分かち難く結びついているのであり、この結合をすでに了解している存在者のみが、身体運動が実現していない時点で行為の思惟や意志を表明する権能をもつのであって、一度も行為を成就したことのない天使のごとき存在者にはかかる権能はないからである。

他方デカルトは夢の事例を利用して、実際には身体が運動していないのに身体の運動を感覚すると思い、かつ歩行の思惟が生起する可能性を主張していた。このような身体運動についての言わば錯覚には様々な場合を理論上想定することができるだろうが、身体運動の錯覚がたんに物体運動の観察における錯覚ではなく、歩行の思惟に実際の身体運動が伴わない逸脱例であるとするなら、かかる逸脱を経験する者は、過去に一度は実際に歩行した者でなければならない。たとえば、一度も伸ばしたことのない「手」を切断された者は、決して幻影肢を伸ばすことはできないであろう。

そして夢の中で生起するとされる歩行の思惟について言えば、それは身体運動の画像にとどまるであろうし、夢みる主体に居場所や身体性は欠如している。とりわけ、自己が歩行することに伴って世界のパースペクティブが変化するという経験が欠如している。後述するごとくデカルトはまさにこの点に物質的事物の存在証明の中心的論拠を置くことになろう。

コギトに行為の「感覚」も含みこもうとするデカルトの狙いは、根本的な困難に出会っている。コギトは言わば自己が既に行為主体であるという事実を覆い隠し、他方でその事実を密かに利用しながら、自己を行為の「感覚」者として定立するのである。こうしたコギトの構造こそが物質的事物の存在証明の内容を規定することになるはずである。

第六省察の物質的事物の存在証明の検討に入る。この証明の解釈においては、デカルトが外部感覚の誤りの例としてあげる「遠くから円く見えた塔が近づいて見ると四角いことが明らかになる」という経験(10)、これを念頭に置くことが適切である。

デカルトはかかる感覚経験が成立する条件を知性の側において確認する。「私は私の内に……感覚する能力を見出す。これがなくても全体としての私は明晰判明に知解されるが、私がなくては、すなわちそれが内在する知性実体なくしては、それは明晰判明に知解され得ない」。というのは感覚する能力の「形相的概念の内には何らかの知性作用が含まれているからである(11)」。すなわち当の感覚経験が他ならぬ「私」の経験として、意識的に総合されて実現するためには、「私」が「遠く」と「近く」の相違や「円」と「四角」の相違などを知解し得るのでなければならないし、更には「私」と塔との空間的配置をそれとして知解し得るのでなければならない。換言するなら、「私」が延長の観念を持つことが、当の感覚経験を明晰判明に知解しつつ、それを自己の経験として総合する上でのア・プリオリな条件であること、これをデカルトは指摘しているのである。デカルトはこの点について第三省察では以下のように書いていた。「延長・形状・位置・運動という物体的事物の観念を構成するものは、私の内に……形相的に含まれることはないが……優越的には含まれ得ると思われる」[12]。この見地は「私」と物体的事物の関係を、神と神が創造する物体的世界との関係と類比的に捉えようとする構想を含んでいるが故に[13]、デカルトは以下のような批判を受けることになる。「物体的事物が、精神がそれについてもつ観念より高貴ではなく、かつ精神が物体を優越的に含むとすれば、すべての物体、あるいは可視的なこの世界全体が人間精神によって産出され得ることになってしまう」[14]。これに対してデカルトは「私は物体的事物の諸観念が人間精神によって産出されることは認める。しかし可視的なこの世界全体が人間精神によって産出され得るとは認めない」[15]と答えている。つまり「私」が感覚経験のア・プリオリな条件たる延長の観念をもっている限りにおいて、「私」は「遠くからは円い」塔や「近くからは四角い」塔などの物体を可能なるものとして定立できることをデカルトは認めるのであるが、「私」と塔などを含む世界全体をそのような仕方では構成できないとデカルトは付け加えるのである。何故なら、世界あるいは「一般的に解された物体」は神によって創造されなければならないからである[16]。換言するなら、世界は個々の感覚経験以前に、あるいは個々の感覚経験において「私」に与えられてあるのである。デカルトの物質的事物の存在証明はまさにこの点の解明を目指すことになる。

デカルトは感覚経験のア・プリオリな条件を指摘しただけであって、この指摘だけでは「遠くから円く見えた」塔が「近くから四角く見える」塔へと時間的に変化したこと、あるいは塔と「私」が織りなすパースペクティブがこの順序で変化したことを説明しないのである。デカルトは正しくこの点に着目して言う。

「私は、位置を変えたり様々な姿勢をとる能力を認知するが……それらの能力はそれが内在する実体なくしては知解され得ないし、この実体なくしては存在し得ない。しかしそれらの能力が存在するならば。物体的な実体すなわち延長的な実体に内在し、知性実体に内在してはならぬことは明白である。というのも、それらの能力の明晰判明な概念にはある種の延長が含まれているが、知性作用は全く含まれていないからである[17]。」

知性実体は延長とは全く異なる本性をもつが故に、位置や姿勢をもつことはできないし移動することもできない。しかるに「私」の移動によってのみ説明されるパースペクティブの変化が現に認知されるのであるとすれば、「私」は移動する能力をもつ事物に言わば乗り合わせ、その移動を観察しながら塔の相貌の変化を感覚していることになる。こうした構想はデカルトが決して認めなかった構想、すなわち「私が私の身体に、水夫が舟に乗り合わせているのと同じように居る」とする構想に他ならない。[18] そしてかかる構想は、塔に近づくという行為を、たんなる物体的移動へと還元するものであるから、ここで了解される「ある種の延長」もすでに数学的延長に還元されているのではないかという疑念が生ずる。しかしデカルトはこうした還元をここで行なうのではないことが強調されるべきである。というのは第一に、「私」が塔に近づく行為をたんなる物体的運動として観察するだけならば、観察には誤りもあり得ることから、決して観察された事物の存在を確実に結論することはできないからである。第二に、最も重要な理由として、デカルトは「ある種の延長」を数学的延長以上の何かとして捉えていたことがあげられる。つまり感覚経験のア・プリオリな条件たる知性的延長と、パースペクティブの変化を経験する行為主体によって了解されている身体と世界の延長とを、デカルトは直ちに同一視しないのである。このことは二つの点から確認することができる。第一に、身体を含む可視的世界全体を神が創造する際に、神が参照したであろう世界についての観念あるいは範型が、物体についての知性的観念と同一であるか否かを決することはできないという見地は、デカルトの永遠真理創造説の核心であった。すなわち一般に「われわれが理解することすべてを神はなし得るが、われわれが理解し得ないことを神はなし得ないとは断言できない」[19]。実際パースペクティブの変化の経験において了解されている「遠さ」や「近さ」は、量的距離に換算できない独自の隔たりとして現出しているし、身体において了解されているところの、「私」から私の指先までの隔たりは決して測定され得ない。つまり世界と身体の延長性は、知性には理解不可能な延長性であるのだが、それは神が世界と身体をそのように創造したからであるとデカルトは考えたはずである。そして第二に、デカルト自身が、心身結合における「思惟のひろがり」や身体の延長が、物体の数学的延長とは異なる独自の実在性であることを認めることになるのである。[20]

デカルトが指摘したように、位置や姿勢を変えることでパースペクティブの変化を経験する能力は、塔に歩みよる行為主体と塔などの事物とが織りなす世界が既に「ある種の延長」として存在しているのでなければ、知解され得ないし、存在し得ない。かくてデカルトは行為主体に開かれている世界を、独自の延長性をもつ実体として開示していたのである。しかしデカルトは、コギトによって覆い隠していたところの行為主体の身体性を前提としてのみ、かかる世界の存在を開示し得たのでもある。

次いでデカルトは行為主体における能動—受動の経験に着目することになる。

「私の内には感覚する受動的能力、すなわち感覚的事物の観念を受容し認識する能力があるが、この観念を産出し創出する能動的能力が私の内か他の内かに存在しなければ、私はこの能力を使用できないであろう。しかしこの能動的能力は私の内にはない。この能力は知性作用を前提としないし、私が協力しなくとも意に反して観念が産出されるからである。よってこの能力は私とは別の実体の内にある。[21]」

このテキストの解釈上注意すべきことは、第一に、ここに言う実体は物理的生理的作用をもつ自然学的対象ではないし、ここに言う「私」は行為を「感覚する」存在者でもある以上、事実上行為主体の身体性は廃棄されてはいないことである。そして第二に、ここに言う能動—受動の関係を、『哲学原理』の物質の存在証明が援用するような自然学的因果関係と同一視することはできないことである。『哲学原理』の存在証明は以下のように進められる。「われわれの感覚するものは、われわれの精神と異なるものから来ることは疑いない。或るものを他のものよりも感覚するようにすることは、われわれの能力にはなく、われわれの感覚を刺激する事物に依存するからである。……われわれは縦・横・奥に延長した物質を感覚する……そして延長の部分は多様な形をなし多様な運動をなして、色・臭い・苦などの感覚をもつようにしている。……よって延長物は存在し、これは物体や物質と呼ばれるものである」[22]。この証明は、感覚される延長を自然学的対象と同一視した上で、感覚の生起についての自然学的因果的説明に依拠して、受動―結果たる感覚から能動―原因たる自然学的対象とその変様を推論している。この証明自体には様々な批判が可能であるが、少なくとも第六省察の証明はかかる因果推論を行なうのではないことが指摘される。第六省察は能動―受動を感覚経験における日常的因果了解の基礎とすると考えられるのである。

さてデカルトは、思惟する存在者においては知性や見ることが受動にあたり、意志が能動にあたるとする[23]。ここに能動―受動の関係を思惟の内で完結する関係として解釈することも可能であるが、心身結合の領域ではそうした解釈は不適切である。とくに意志が身体を動かす意志的行為においては、意志と身体運動の関係が能動―受動関係と解されるのである[24]。たとえば、遠くの対象を見ようと意志することによって、瞳孔が拡大するという身体運動が生ずるのであり、この能動―受動関係は心身結合の本性に属する関係である。しかし瞳孔そのものを拡大しようと意志しても瞳孔が拡大するという身体運動が生じないのは、この意志と身体運動の関係が心身結合の本性に属する能動―受動関係ではないからである[25]。すなわちデカルトにおいては、行為主体の意志は「遠くの対象を見る」行為としてのみ同定できるのであって、具体的行為に結実しない、たんなる意識事実としての意志は、行為主体の意志にはあたらないことになる。よって心身結合の領域では、手を伸ばすことによって手が伸びること、歩行することによって身体が動くことなどの関係が、能動―受動の関係として捉えられることになろう。そしてかかる意志的行為が能動となることで、当の身体運動とこれに伴う世界の相貌の変化が受動的に感覚されるのである。「近くから四角い塔を見る」ことが受動に見立てられるのは、塔の近くへと歩みよった行為が塔と「私」の布置を変えたことに対比されるからである。よってデカルトが能動的能力の内在する実体として開示しているのは、行為主体が行為しつつ開いている世界であるはずである。たしかにデカルトはかかる実体をたんなる物体に還元するのであるが、この還元を可能にする根拠も実は行為主体の能動―受動に置かざるを得ないことが重要である。この点は物質的事物の存在証明の最終結論に関わっている。

デカルトは先ず以下の選択肢を設定する。「この実体にあっては、能動的能力によって産出された観念のうちに客観的に（objective）ある実在性が形相的にか優越的にか内在していなければならない。この実体は、物体すなわち観念のうちに客観的に含まれているすべてのものが形相的に含まれている物体的本性であるか、神であるか、そこにそれらすべてが優越的に含まれていて物体より高貴な被造物であるか、のいずれかである[26]」。ここでデカルトが立てている問いは、行為主体に開かれている世界から受容された観念のうちに客観的にある実在性が、すなわち「知性作用によって表象された事象[27]」の実在性たる数学的延長性が、行為主体が出会っている世界の存在性を汲みつくすか否かという問いである。この問いにデカルトは、観念の客観的実在性は形相的に世界に含まれると答えるのであるが、重要なのはその際にデカルトが依拠する二つの根拠である。デカルトは第一に、「私」は観念が、神あるいは数学的延長性を優越的に含む被造物から由来すると認知できないこと、第二に、「私」は観念が観念の対象たる事物から由来すると信ずる傾向をもつことの二点を根拠とする[28]。これらは、「私」が塔を見るときには、塔が原因となって塔の感覚は受容されると思う日常的了解を指示しているのだが、かかる了解は行為主体のみが抱き得る了解に他ならない。デカルトも指摘していたように、人間を観察する天使は物理的生理的運動を観察するにとどまり、人間の感覚の対象を当の感覚の原因として分節することはできないのである。デカルトが第二省察の蜜蠟の分析で示唆したように[29]、蜜蠟の形や色や臭いが、同じ一つの蜜蠟に由来する諸性質として統合されるのは、当の蜜蠟を手にとったり指でたたいたり火に近づけたりしながら感覚する存在者の精神の洞見によるのであるが、この存在者は実際上行為主体でなければならない。蜜蠟が感覚の原因として了解されるのは、蜜蠟から顔を背けたり蜜蠟を手でどけるならば、蜜蠟のない眺望が受動的に感覚されるであろうことが了解されているからである。一般に感覚経験における因果了解は行為主体の能動―受動を基礎にしてのみ解明されるのであるが、デカルトはかかる因果了解に依拠することで、観念の客観的実在性が世界から由来するとする構想を抱くことができるのである。かくてデカルトは以下のように物質的事物の存在証明の結論を引き出す。「明晰判明に私の知解するすべてのもの、すなわち純粋数学の対象のうちで把握されるところの一般的に観られたすべてのものは、それら物体的な事物のうちにある。(30)」

たしかに知性は世界を計測したり身体に定規を当てたりできるし、感覚対象からの物理的作用を身体の生理的過程まで辿ることができるし、かくて世界を純粋数学の対象として扱うことができるのだが、このことはデカルトも垣間見ていたごとく、数学的延長を優越的に含む世界が行為主体に開かれて存在していることと、行為主体が因果了解を形成することに支えられているのである。コギトが行為主体としての自己の起源に支えられつつ、それを覆い隠したのと同様に、数学的自然学の世界は日常的世界としての自己の起源に支えられつつそれを覆い隠そうとしている。デカルトは世界について知性がもつ観念の客観的実在性を、行為主体の経験の対象の実在性と同一視する存在論をこのようにして創始したのである。

註

デカルトのテキストからの引用は *Oeuvres de Descartes*, publiées par Ch. Adam et P. Tannery（以下 AT と略記）の巻数と頁付けによる。

（1） Meditationes de prima philosophia（以下 Med と略記）Synopsis. AT. VII. p. 16.

（2） Med VI. AT. VII. p. 80.

（3） 意志的行為の概念を心身結合の領域の本源的概念として認めるのは、エリーザベトとの応接を機会としてである。à Elisabeth, 21 mai 1643, AT. III. p. 665.

（4） Med I. AT. VII. pp. 18-19.

(5) ibid., p. 19.

(6) à Regius, jan. 1642, AT. III. p. 493.

(7) Objectiones Quintae, AT. VII. p. 259.

(8) Responsiones Quintae, AT. VII. p. 352, cf. à***, mars 1638, AT. II. pp. 37–38.

(9) Med II. AT. VII. p. 29.

(10) Med VI. AT. VII. p. 76.

(11) ibid., p. 78.

(12) Med III. AT. VII. p. 45.

(13) 神が物体を優越的に含むとする説明方式については、Thomas Aquinas, Summa Theologiae, I-q15-2.

(14) ***à Descartes, juillet 1641, AT. III. p. 404.

(15) à*** août 1641, AT. III. p. 428.

(16) Med Synopsis, AT. VII. pp. 13–14.

(17) Med VI. AT. VII. pp. 78–79.

(18) ibid., p. 81.

(19) à Mersenne, 15 avril 1630, AT. I. p. 146.

(20) à Elisabeth, 28 juin 1643, AT. III. p. 694, à Mesland, 9 fév. 1645. AT. III. pp. 166–167.

(21) Med VI. AT. VII. p. 79.

(22) Principia Philosophiae II-1, AT. VII-1. pp. 40–41.

(23) à Regius, déc. 1641, AT. III. p. 372, Principia Philosophiae I-32, AT. VII-1. p. 17.

(24) à Elisabeth, 28 juin 1643. AT. III. p. 694, à Arnauld, 29 juillet 1648, AT. V. pp. 221–222.

(25) Passion de l'âme I-44, AT. XI. pp. 361–362.

(26) Med VI. AT. VII. p. 79.

（27） Med Praefactio, AT. VII. p. 8.
（28） Med VI. AT. VII. pp. 79-80.
（29） Med II. AT. VII. pp. 30-31.
（30） Med VI. AT. VII. p. 80.

力あるものの観念――デカルト「第三省察」「第一証明」前半の考察

一　知と力

力（potentia）の相の下に宇宙（universum）をとらえる仕方は、権力（potentia）や権能（potestas）や暴力（vis）の相の下に諸世界（mundi）をとらえる仕方と、いかなる関係にあるのか。これが本稿で考えたい問題である。

デカルトの『省察』はこの点においても多様な示唆を与えてくれる。とくに第一省察での欺く神の懐疑が、第三省察での神の実在証明によって解消されていく過程はきわめて重要である[1]。欺く神の懐疑は「最高の力について予め抱かれていた意見」（3608-09）の故に生じていた。そして神の実在証明は、力と権力を区別することなく混同する意見に対抗しつつ最高に力あるものの観念を形成した後に、その観念の原因たる真に力あるものとしての神の実在を証明している。さらにこの過程において私は、力・権力にまきこまれつつもそれに対抗して自己の知と力を鍛え上げて、真に力あるものとしての神に振り向いていく。本稿では第三省察において最高に力あるものの観念が形成される前の段階について検討していく。具体的には神の第一証明における原因論と質料的虚偽論の解釈を試みることになる。

はじめに解釈の場面を限定するために、第一証明を通じて神の観念がどのように精錬されていくのかを調べておくことにする。神の観念は次のように表現し直されていく。

（1）最高の何らかの神、永遠で無限で全識で全能の神、そして自己以外の実在するすべての事物の創造者、これを私が知解するさいの観念（4016-18）

（2）神を……表象するところの観念（4301-04）

（3）神について……私が持つところの観念（4306-07）

（4）神の観念（4508）

（5）神の名で私は、何らかの無限で独立した最高に知があり最高に力があり、そして私自体と、現存在する他のすべてが創造されるところの、実体を知解する。（4511-14）

（6）無限な実体の観念（4521）

（7）より完全であるものの観念（4602）

（8）最高に完全で無限であるものの観念（4611-12）

（9）神について私が持つ観念（4627）

（10）神の観念（4712）

（11）私より完全なものの観念（4728）

（1）のあとには原因論・立論の確立・質料的虚偽論・実体の観念説が続き（5）にいたっているが、さしあたり（1）と（5）の相違に注意したい。（1）における神の属性の一つ永遠性が、（5）では脱落している。また（1）での神の属性である全識性（omniscius）と全能性（omnipotens）とが、（5）では最高の知（summe intelligens）と最高の力（summe potens）へと変化している。さらに（1）では神であることと創造者であることとが並行しているが、（5）では創造者であることは、神の名にあたる何らかの実体の一属性として統合されている。ところで（5）における神の諸属性のうち独立性と創造者性は主として第二証明で扱われるから、第一証明の文脈においては無限性と最高の知と最高の力が主題になっていると解することができる。

次に（6）（7）（8）については、（6）と（7）は（8）において統合されていると言うことができる。すなわち無限実体性と、より完全であること（ens）とが統合されて、最高に完全で無限であるもの（ens）の観念が形成されているのである。ところで（5）の検討をふまえて特に強調しておきたいことは、（7）と（8）における完全性は第一証明の文脈では知と力を意味しているということである。よって（6）から（8）への過程は、無限な実体の観念と、より知や力のあるものの観念とが統合されて、最高に知や力があり無限であるものの観念が形成される過程であるとも解することができる。

そして次に（9）（10）において再び神の観念といわれた後に、（11）において第一証明は「私より完全なものの観念は、事物として＝実際に（revera）何らかのより完全なものから、必然的に出来する」（4728-29）とまとめられている。つまり、最高に知や力があり無限であるものの観念は、（8）から（11）への過程を通して私より知や力あるものの観念へと精錬され、そしてかかる観念の原因が、比較項たる私を考慮の外においてもなお、事物として真により知や力あるものとして実在すると言われているのである。

以上の第一証明の過程のうち、本稿は（1）から（5）への過程に絞って論じていくことになる。

二　観念の対象的事物性

神の第一証明に固有の議論は、次のように始められている。

それらについての観念が私の内にある何らかの事物が、私の外に実在するかどうかを探求するためのある他の道が私に現れてくる。すなわち、諸観念が思惟することのある仕方（cogitandi modi）でのみある限りは、それらの間に私はいかなる不等性も認めないし、それらはすべて私から同じ仕方で出来するようにみえる。しかしある観念がある事物を、他の観念が他の事物を表象している限りでは、それらが互いにきわめて異なっていることは明白である。（4005–12）

探求の中心は、事物が私の外部に実在するかどうか、あるいはむしろ私の内部と外部とをまったく新たに定義し直すような事物が実在するかどうか、これにある。そのさいデカルトは、諸観念の不等性と異なりを主題化して探求の出発点としているのであるが、実は、探求されるべきものの不等性と異なりとが予料された上で、観念説が提出されているのだと解することができる。

探求されるべきものとは、不等なるもの＝同等ならざるものであり、異なるものである。しかるにそうしたものを思うときも、そうではないもの、すなわち同等であり相似ているものを思うときも、私の思い方（cogitandi modi）には変わりがないのである。[2] これはゆゆしい事態である。つまり私は二つの思いをいつも混同してしまうのだ。例えば同等ならざる異なるものを愛することも、同等なる相似たるものを愛することも、愛する点では変わりがないとのみ考えてしまうのである。それは、私が思っているときの思いそのものだけの真実性に拘泥して、私の思いが届こうとしているものがいかなる事物であるかを正しくとらえようとしないからである。確かに私は思うものではあるが、私はまたもの思うものでもある。[3] だから私がいくつかのもの思いを経験しているとして、私の外部に届きうるもの思いと決して届きはしないもの思いとを区別しなければならない。そのためには私が思うものを不等性と異なりを容れる事物としてとらえなおした上で、外部に届きうるもの思いを、私とは同等ならざる異なる事物の観念としてとらえ直すことが必要である。そしてこの要請にこたえる形で、デカルトはその観念説を構成しているのである。

次に観念が表象すると言われるところの事物（res）に関して、一定の解釈の方向を示しておきたい。第一省察から第三省察までで特に事物と称されるのは、思惟する事物と数学的事物とそして熱である。では神の第一証明の文脈においてはいかなる事物を念頭におくべきであろうか。

この点で注意すべきは右の引用文の直前における太陽の二つの観念の議論（3915-30）である。それによると、一つの観念は太陽をきわめて小さなものとして表示し、他の一つはそれをきわめて大きなものとして表示するから、太陽なる事物を小さなものとしても大きなものとしても表示できないとされる。よって、仮に太陽が外部に実在する事物であるとしても、大小を容れる事物を表象する限りでの観念を通しては決して太陽に触れることはできないことになる。一般化して言えば、観念が表象する事物の不等性や異なりを数学的大小で表している限りは、観念を通して外部に実在する事物に触れることはできないし、そもそもより知や力あるものの観念を形成することもできない。かくて神の第一証明における事物を、数論や幾何学の関わる事物ないしは延長する事物として、あるいは外延量を測度とする事物としてとらえることはできないのである。

そこで熱が事物と称されていることがきわめて重要になる。「いま私は熱を感じている。かくて私はこの感覚すなわち熱の観念が、私とは異なる事物から、すなわち私がそのそばに座っている火の熱から到来すると考える」（3817-21）と書かれていた。この考え方自体は否定されていくにしても、熱がここで事物と称されうるということは重要である。そして熱が事物であることが疑問に付されるのは、この後の質料的虚偽論においてであるからには、神の第一証明における事物を熱で例示することは許されるはずである。一般化して言えば、観念が表象する事物の不等性や異なりは内包量を測度としているのである。(4)

デカルトは観念と観念との異なりは、観念が事物を表象している限りにおいて識別されるとした後で、そのことの例解として次のように書いている。

私に実体を表示する観念は、様態あるいは偶性だけを表象する観念よりも、大きな何かであり、しかも言わば対象的事物性（realitas objectiva）のより多くを自らの内に含んでいる。さらに神……創造者を私が知解する際の観念は、有限な実体が表示される観念よりも、まさに対象的事物性のより多くを自らの内に持っている。（4012-20）

このテキストは実体・偶性論としてではなく、あくまで観念説として読まれる必要がある。そこでこのテキストの解釈を試みた上で、第一証明における実体の用法においてその解釈を検証していくことにする。

まずデカルトは観念の対象的事物性の度合いの異なりから出発して、次により多くの度合いを表示する観念を実体の観念と称し、より少ない度合いを表象する観念を偶性の観念と称していると考えることができる。つまり同じ一つの対象的事物性を基準として、より多くを表示する観念が何かの実体を表示するとしているのである。このさい何かについて、その実体と偶性との区別に関していかなる通念が成立していてもかまわない。デカルトは、その何かをより多くの対象的事物性を含む事物として表示する観念を、その何かの実体を表示する観念としてとらえるべきであると主張するのである。

例解を試みる。いま〈ソクラテスが座っている〉ことに心が動かされるとする。このとき私は何によって心を動かされるのであろうか。あるいは私は何を思っているのであろうか。通念では、ソクラテスであることは実体であり座っていることは偶性であろう。だから私の思いは、より強くソクラテスそのものに向かい、より弱く座っていることに向かっていることになろう。そして二つの思いの異なりは、ソクラテスと座ることとの相違に還元されるだろう。より強い思いは〈座っているソクラテス〉に向かっていると言ってもこのことは動かない。だがこうした考え方をデカルトがとっているとはとても言えない。デカルト固有の実体論が個体と実体とを区別しているからというのではない。そこではソクラテスと座ることとの相違が、同じ一つの対象的事物性を基準とする異なりとしてとらえられてはいないからである。

そこで私が思うものは〈強いもの〉であるとしてみる。このとき強いものが本当に強い事物であれば、私の思いは強い事物を表象し、私が思う事物は強さという対象的事物性を含むことになる。そしてこの強さにはたしかに度合いがあって、私はソクラテスをより強いものとして表示して心動かされているわけである。このときこの観念の相の下では、ソクラテスであることは強いものの偶性に相当し、座っていることは強いもののいわば偶性の偶性に相当する。あるいはむしろ逆に、強いものとはソクラテスというよりは座っているものであると考えるべきであろう。このときはもちろんソクラテスであることは強いものの偶性であるし、座っているものであることさえもおそらくは強いものの偶性である。そして座っているものであることが、たんにソクラテスであることに比して、より多くの強さを含んでいるのであれば（この逆でもかまわない）、前者を表示する観念は実体の観念であり、後者を表象する観念は偶性の観念であることになる。出発点は、私が強い事物の観念を持っていることにある。そして私がその観念の相の下に諸世界に向かい、より強い事物として表象される何かがあるとき、より強い事物を表象する観念はその何かの実体を表示するのだと私は予料しているのである。かかる予料の地平を開いているのがデカルトの観念説である。(5)

さて第三省察において実体なるカテゴリーが使用されているのは、神の観念が無限なる実体の観念であると言われる場面と、私が実体であると言われる場面と、石が実体であると言われる場面とである。本稿ではこのうち後の二つの場面について検討する。デカルトは次のように書いている。

私が石は実体であると、すなわち自らによって実在するに適した事物であると思惟して、私が実体であると思惟するとき、私は思惟して延長しない事物であると概念化し、石は延長して思惟しない事物であると概念化しているから、それらの概念の間には最大の異なりがあるのだが、それらは実体の相の下では合致すると思われる。（4421-28）

このテキストを実体論としてではなく、実体の観念の観念説として読み直してみなければならない。まず実体の観念が表示ないしは表象する事物は「自らによって実在するに適した事物」なのであって石なのではない。石が実体であることを観念が表示するのではなく、石をそのような事物として観念が表示するから、その観念が石の実体を表示すると言われている。よって「私が石は実体であると思惟する」とき、私が思惟しているものは正確に言えば「自らによって実在するに適した事物」だけなのである。(6)

そしてデカルトが特にここで問題にしていることは、石そのものが何らかの事物として摑まれてしまっているという事態、つまり石の形相的事物性が一定の概念にもたらされているという事態である。そして形相的事物性についての諸概念がいかに異なっているとしても、観念が表示している事物の事物性の相の下に世界内部のものどもをとらえることができるということ、これがデカルトの強調点である。石と私とを比較するとき、それらが世界の内部のものである限りにおいては多くの異なりが指摘されるし、その異なりは概念の異なりにもたらされている。よって石と私は概念的にも事物としても比較不可能であるように思われてしまう。これに対して実体のカテゴリーは石と私を同じ事物として包摂するのではあるが、それはそれで両者を比較不可能にしてしまう。では石と私を比較可能にし、しかも両者の異なりを無にしないためにはどうすればよいか。デカルトはここでは両者を自らによって実在するに適した事物として表象する観念を、自己自身の観念から取り出せばよいと答えるのである。両者はそのような事物としては同じであり、しかも自存性の適性において比較可能である。(7)

別の角度から例解を試みる。いま私が、対話の相手無しにとめどなく語りつづける人物に出会い、何ほどか心動かされているとする。(8) 私はその人物をいま記述したような物として概念化していることになる。他方において私は自分のことを、対話の相手なくしては話しえない人物あるいは対話の相手に話しうる人物として概念化している。ここには概念の異なりがあるし、その限りで生じる驚きがある。しかし私は本当に概念の異なりだけに驚いたのであろうか。むしろ私には欠けている力に触れて、あるいは逆に私が持つ力の欠如に触れて驚いたのではないか。いずれにせよ私とその人物とは概念的にはきわめて異なっているにしても、両者は何らかの力ある物として表象される点では一致する。そこで仮に対話の力が事物性であるとしてみる。つまり対話の力あるものが宇宙を構成しうる事物であるとしてみる。このとき私は事物であるが、先の人物は事物の数には入らないことになる。他方において幾人かの人物と幾つかの動物はかかる事物である点において一致する。このように思惟するとき私は対話の力を観念の対象的事物性としているのであり、対話の力の多少によって物において実体と偶性を分出させるのである。このようにしてデカルトは観念の相の下に諸世界をとらえるための準備を果したことになる。

三　原因論

デカルトの原因論は、観念が表象している事物の事物性の原因について論ずるものである。はじめにデカルトは原因そのものについて論じていく。

自然の光によって明白なことは、作動的かつ総体的な原因の内には、その結果の内にあるのと少なくとも同じだけのものがあらねばならないということである。……結果はその事物性を、原因からではないとすると、どこから獲得しうるだろうか。また原因がすでに事物性を持っていないとすれば、いかにしてそれを結果に与えうるだろうか。ここから帰結することは、何かが無から生ずることはありえないということ、また、より完全なものすなわち事物性をより多く自らの内に含むものは、より少なく完全なものからは生じないということである。しかもこのことは、その事物性が現実的あるいは形相的である諸結果についてだけではなく、そこにおいて対象的事物性が考察されるだけの諸観念についても、分明に真である。(4021-4104)

事物性の例として力、より正確には力ある事物であることをとる。引用文の中間部分は次のように例解することができる。より力あるものは、より力なきものからは生じないとである。だから逆により力なきものは、より力あるものから生じうると推論することができる。しかしより力あるものを直ちに力の原因であると考えないことが重要である。仮に、より力あるものが準原因となって、より力なきものを生ぜせしめるとしよう。このとき前者は後者の生成の準原因として後者に幾分かの力を与えているとしても、だからといって前者が後者に事物性としての力を与えていると直ちに言うことはできない。なぜなら後者が不完全ではあれ力あるものであることの原因も前者であるとは必ずしも言えないからである。他方、前者のより力あるものがそれなりに完全に力あるものであることの原因が、前者そのものであるか、前者より力あるものであるか、それともまったく異なる事物性をもつものであるかも、必ずしも決まらないからである。

むしろこう解するべきであろう。より力あるものが、より力なきものの生成の準原因でありえているのは、作動的かつ総体的な原因が結果に事物性を与えているからであるとデカルトは言い、さらに引用文の後半では結果を諸結果と複数形に言いかえるのであるから、より力あるものもより力なきものも共に力を原因によって与えられているところの諸結果であると解するべきである。よって両者を共に力ある事物たらしめ両者の間の準因果関係すなわち生成関係と順序関係とを可能ならしめているものが原因と称されているのである(この段階では生成関係と順序関係は同型であると言ってよい)。実際、より力あるものがその力の幾分かを、あるいは端的に力そのものを何かに与えてもなお、力あるものでありえているとするなら、より力あるものが力あるものであることの原因は、他にあると解するのが妥当である。よって作動的かつ総体的な原因とは、諸事物相互の生成関係と順序関係とが織りなす〈場〉、これを総体的に創出して作動させる原因なのである。以上の解釈はデカルト自身による次の例解によっても確かめられる。

例えば、以前には存在していなかった何らかの石は、石の内に措定されているものの総体が形相的にか優越的にかその内にあるところの何らかの事物によって産出されるのでなければ、今存在し始めることはありえないし、熱は、熱と少なくとも同じ程度に完全である事物によって導入されるのでなければ、以前には熱くなかった基体に導入されることはありえない。(4104–10)

ここで原因は、石の事物性や熱の事物性を初めて世界の内にもたらす原因としてとらえられている。[9] よって原因は、石や熱の事物性をもつとは断定されてはいないし、その事物性についてより以上を含む事物として定義されてもいない。原因は正確には、熱の事物性と同程度以上に完全な事物性をもつ事物としてのみとらえられている。

たしかに熱は何ものかを熱い事物にするし、そのことで同時にそれが他のものを熱くする働きを持つようにもするから、熱が熱場の作動的かつ総体的な原因であると言われるかもしれない。[10] しかしその場合熱には二義性がある。一方でそれは、より熱い・より熱くないという内包的度合いを本質的に含む限りでの熱であって、かかる熱は熱場内部の熱にすぎない。他方でそれは、内包的度合いを容れるか容れないかは断定できない熱いわば端的な熱であり、かかる熱は熱場の原因であると言われうるにしても、それはこの段階では熱場内部の熱とは区別される必要がある。そこで仮に熱湯の原因を光あるいは運動としてみる。光・運動は熱い事物どもを創出して、それら相互の生成関係と順序関係が織りなす熱場を総体的に作動させている。こうした光・運動はそれ自身が熱いか否かは定かではないにしても、すなわち熱の事物性を形相的に持つか否かは定かでないにしても、光・運動は間違いなく熱以上に完全であり、熱以上の・以外の事物性を持つはずである。光・運動はこの意味において熱場の作動的総体的原因であろう。[11]

以上の原因論を観念が表象する事物に適用することが次の段階となる。そして観念の対象的事物性から出発して原因の事物性について何をどこまで言えるか、これが観念の原因論の基本的な問いである。デカルトは観念の原因について次のように書き出す。

熱あるいは石の観念は、何らかの原因によって私の内に措定されるのでなければ、私の内にはありえない。そしてその原因の内には、私が熱あるいは石の内にあると概念化する事物性について、少なくとも同じだけがある。(4111-14)

デカルトは二つのことについて論じようとしている。一つは観念が私の内に存在し始めるための原因についてであり、他の一つはその原因の事物性についてである。前者については次のように書かれている。

その原因は自らの現実的あるいは形相的事物性について何も私の観念に注ぎ移さないとしても、原因はより少なく事物的である(realis)と考えられてはならない。観念そのものの本性は、私の思惟から借りられるところの形相的事物性以外には、他の形相的事物性を自らは要求しない本性であると考えられるべきである。そして観念は私の思惟の姿(cogitationis modus)である。(4115-20)

例えば言葉が存在し始めるための原因を考え、それが音あるいは運動であるとしてみる。言葉はしかしたんなる音であることを失っている。つまり言葉は音の現実的事物性を失っている。逆に言えば音はその現実的事物性を言葉に「注ぎ移さない」のである。だから言葉の側からは音は言葉の事物性を与えるには足りなくて貧しいものであろうし、言葉はそのようにして自己の存在の原因を忘却する。デカルトはこれに対して次のような反論を提出していることになる。言葉は音からではなく、音韻からだけその形相的事物性を「借り」ていて、言葉は音韻の姿であると分かりさえすれば、言葉が音の現実的事物性を失うことは不思議ではない。他方において音韻は音の現実的事物性を失ってはいないのだから、物事を宇宙論的にとらえれば言葉もまた音からなることが分かってくる。たしかに言葉は言葉としては音であることを失っているが、音が音韻の事物性をはらんでいることまでが忘却されてはならない。かくて音は音韻以上にそして言葉以上に事物的である。この議論を一段上げて、原因としての言葉・物語り・物語りが表現する事象についても同様に論ずることができよう[12]。原因の事物性に関してはまず次のように言われる。

この観念が、他の対象的事物性よりはむしろ、あれやこれやの対象的事物性を含むこと、これは何らかの原因によるはずであるし、その原因の内には、観念そのものが対象的事物性について含むのと少なくとも同じだけ、形相的事物性について存在する。(4120-24)

力の観念が権力の観念でもなく暴力の観念でもなく力の観念であること、そして力の観念が様々な度合いの力ある事物を表象していること、このことの原因の事物性について何が言えるのかがここでの問題である。まずデカルトは、対象的事物性の順序関係に原因の形相的事物性の順序関係が対応し、前者の最高値は後者の最高値を越えないということを要請している。原因が、諸観念が表象する様々な度合いの事物性を含んだ諸事物の順序関係が形成する場、これの原因としてとらえられている限りでは、この要請は正当である。だがこの要請にはある種の限界がある。仮に力場の内部で観念が表象する力の度合いが高められていって、その果てに最高に力ある事物の観念や無限に力ある事物の観念が形成されるのだとしてみる。このとき先の要請によれば、その観念の原因の事物性も「少なくとも」最高の度合いや無限の度合いに達していなければならないことになる。だがかかる探求の仕方には危ういところがある。というのも力場内部での力の最高度や無限度という概念が危ういし、さらにそれとの比較で「少なくとも」と評してしまうことが危ういのである。そこで別の探求の仕方を、すなわち原因の事物性そのものを探求する仕方を採る必要がある。ここに原因の形相的事物性とは何かという問題が起きる。

私の諸観念の内で私が考察する事物性は対象的でしかないから、それらの諸観念の諸原因の内に同じ事物性が形相的にある必要はなく、諸原因の内でも対象的にあれば十分である、と疑われるべきではない。(4130–4202)

まずこの疑いの内容を再構成してみる。いま私は力の観念を持ち力場を思惟している。このとき力の観念の事物性が力場の原因の内にも含まれているとはたやすく言えないところに問題の根がある。仮に原因も力ある事物であるとしてみる。そのとき私は力場内部の力の概念で力場の原因をとらえることになる。言いかえると原因の事物性は観念の対象的事物性に還元されて、原因は観念によって表象される事物にとどまることになる。この場合原因は最高に力ある事物であるとか無限に力ある事物であると言っても同じである。原因の事物性は対象的事物性にとどまっているのだ。この疑いに対してデカルトは次のような解答を与えている。

というのも、対象的なあり方が観念の本性上諸観念には適合するが、形相的なあり方が諸観念の諸原因には、少なくとも第一の主要な諸原因にはその本性上適合する。そして一つの観念が他の観念から生まれうるにしても、ここでは無限進行は与えられないのであり、ある第一の観念に到りつかれなくてはならないが、それの原因は原型のごとくであり、それの内には、観念の内に対象的にのみある全き（omnis）事物性が形相的に含まれている。かくて自然の光によって、諸観念が私の内に像のごとくにあることは明らかであり、それらは容易にそれらの取得された事物の完全性から劣化しうるが、より大きな、あるいはより完全な何かを含みえない。（4203-15）

まず幾つかの点を指摘していく。第一に、ここでは観念の内の対象的事物性と「同じ事物性」が原因の内に「形相的に」あることが説明されようとしているのであって、それが「優越的に」ある場合は顧慮されてはいない。第二に、「事物が観念を介して知性の内に対象的にあるあり方は不完全である」（4126-8）とされ、「諸観念は……事物の完全性から劣化する」ともされているから、事物が形相的にあるあり方は完全であり、原因としての事物の事物性は完全性であることになる。ただし特に第一観念が表象する事物性と原因の事物性とは「同じ事物性」であるから、両者に完全性の度合いの差があるわけではない[13]。むしろ両者は共に完全性であり、しかも度合いを受け取る以前の完全性である[14]。第三に、諸観念の生成関係に無限進行がないのは、それが無限進行のありうる順序関係から区別されているからである。よって第一観念は生成関係の初項あるいは極限に相当するから、それが表象する事物性は、より以上なる度合いを容れはしないし、他のすべてのより以下なる度合いを何らかの意味で含んでいる。しかし第一観念は順序関係の内部に位置しているわけではないから、それが最高の・無限の度合いの事物を表象しているとここで単純に言うことはできない。むしろ第一観念は端的な事物性・完全性を表象していて、他のすべての諸観念はその幾分かの度合いを分有することによって生成して順序づけられていると解することができよう[15]。

以上の諸点をふまえて第一観念の対象的事物性と「同じ事物性」が原因の内に形相的にあるということが説明されなければならない。たしかにこのことは最終的には神において確証されるにしても、[16] いまは神の観念が形成される手前で説明されなければならない。そこで先の引用文の直後において（4216-24）私自体が観念の原因でありうるか否かという問いが立てられていることを考慮して一つの解釈を試みることにする。[17]

いま宇宙を力の相の下においてのみとらえているとする。このときすべてのものは宇宙の内部で多様な度合いの力をはらみつつ相互に順序関係と生成関係を織りなしている。ではかかる所与から出発していかなる宇宙の観念を獲得できるであろうか。すべての多様な力あるものに力を与えつつ力場を創出して作動させているものの観念が、宇宙の観念として獲得されるであろう。そのとき宇宙の事物性は端的な力としてのみ表象されているはずである。よって宇宙の観念は第一観念に相当すると言うことができる。では宇宙の観念の原因あるいは原型は何であろうか。いまの段階では私以外ではありえない。私は力場内部に位置を持たないにもかかわらず、あるいはだからこそ私はより力あるものやより力なきものに触発される。そして私以外の一切のものは宇宙の内部の力場の内部に位置しているのであるから、宇宙の観念の対象的事物性と「同じ事物性」は私の内に形相的にあると言わざるをえない。力場の作動的かつ総体的原因としての宇宙の観念の事物性は、原型としての私の事物性から由来しているのである。言いかえるなら私が力ある事物であるからこそ宇宙を力の相の下にとらえうることが確認されたのである。

こうして観念の原因論は基本的には私あるいは思惟する事物の探求に帰していると言うことができる。しかしこのことの意義は大きい。すなわち〈私より力あるもの〉や〈私より完全なもの〉に、私が原型となる力場の内部からは到達できないし到達しようとしてはならないということが示されたのである。そしてこのことは質料的虚偽論において別の角度から確かめられることになる。

四　質料的虚偽論

観念の質料的虚偽論をデカルトは熱の観念によって例解しているから、第三省察の当該箇所以前において熱がどのように論じられてきたかを振り返っておく必要がある。まず参照されるべきは、第二省察の次の箇所である。

いま光を私は見、音を私は聞き、熱を私は感ずる。これらは偽である、私は眠っているから。だが確かに見ている、聞いている、熱くなる（calescere）と思われる。これは偽ではありえない。これが本来私の内で感ずることと称されることとである。抽いて選り出されたこのことは、思惟することと異なってはいない。（2913–18）

偽でありえないのは私ないしは心が熱くなること、私ないしは心の感じや思いの深さである。何かの故にあるいは何かを感じ思うとき、その何かが何であるか分からなくとも、感じ思うことだけは確かである。まさにこの意味で私は思惟する事物である。[18] 第三省察はこうした思惟の場面に対して、意志や感情と観念を導入して新たな展開をとげている。デカルトは次のように書いている。

観念に関する限り、観念だけがそれ自らにおいて観られ、他の何かへ観念を私が関係づけないならば、観念が偽であることは本来ありえない。というのも、山羊を私が想像しようとキマイラを私が想像しようと、私が一方を想像することは他方を想像することに劣らず真であるから。また意志そのものにおいても諸感情においても虚偽の怖れはない。というのも、悪しきものを、どこにも存在しないものをさえ私は望むことがありうるが、だからといって私がそれらを望むことは真でないことはない。（3713–20）

第二省察からの決定的ともいえる変化に注意したい。「どこにも存在しないもの」たとえば理想郷や死者を望み（optare）それに心動かされていたとする。第二省察では私の思いの深さだけが偽ではないと言わば救済されていた。ここでは違う。思いの対象は捨象されてはいない。それへの思いは全体としてそのままに「真でないことはない」と救済されているのである。「どこにも存在しないもの」がたとえ「悪しきもの」でしかなかったと分かったとしても、偽ではなかったことは思いの深さだけではなくそれを深く思ったことなのである。私はたんに思うものであったのではなく、もの思うものでもあった。だから過去の思いが偽りであったとして、私の意志や感情の深さだけはまことであって私が思ったものの方に偽りがあったのだと言って済ますわけにはいかない。過去のもの思いが全体として偽りであったと言うのであれば、正確にはいかなる事物を思っていたのかを考え直すことによって過去のもの思いを真なる事物の思いとして救済し、そのもの思いを別のものに逸らして偽ったものを摘発しなければならない。そしてデカルトは偽りは判断によって生じたとする。

判断において見いだされうる主要な最もありうる過誤は、私の内にある観念が、私の外部に措定されたある事物に類似している、あるいは適合していると私が判断するところにある。……観念そのものを私の思惟の姿として考察するにとどめ、何か他のものへ関係づけなければ、観念が私に過誤の質料を与えることはほとんどありえない。（3722-28）

例えば死者への思いを他のものへ関係づけるとはいかなることか。死者への思いを何か他のものへの思いに解釈し転釈することであろう。そしてそのようにして死者への思いは諸世界の内部に措定された諸事物への思いと混同されるのである。こうした混同を引き起こす判断の過誤を除くこと、これがまず求められている。

そこで判断の過誤が除かれて、死者への思いが実は力あるものへの思いであったと分かったとしよう。しかしその力あるものは本当に力ある事物であったのだろうか。私の思いは本当に力ある事物を表象し、私は本当に力ある事物の場を思惟していたのか。私が思っていた力あるものから出発して、私は私とは同等ならざる異なる力あるものに触れることができるのだろうか。死者に心動かされるとき死者の観念の内には「事物の似姿」に加えて「より以上に強度のある（amplius）何か」が含まれているから（3707-11）、いわば物語りとしての強度のある観念に私はたやすく巻き込まれてしまうのであるが、しかしそこにも判断の過誤が潜んではいないかと疑われるのだ。

デカルトはこうした疑いを熱を例として論じていく。いま私が火の熱を感じているとする。私あるいは心が熱くなっていることは偽ではありえない。では私は熱に熱くなっているのであろうか、熱を思うことで熱くなっているのであろうか。まず熱の感覚あるいは熱の観念が火の熱なる事物から到来するとする判断には堅固な理由はない。何かを熱く感じているとしても、その何かを、感じられている熱とは別の熱に関係づけることはできない。では一体何を感じているのであろうか。こうしてデカルトの質料的虚偽についての議論を引用することができる。

光と色、香り、味、熱と冷、ならびに他の触覚的性質は、すこぶる不分明かつ不明瞭にしか私によって思惟されないので、それらが真であるのか偽であるのか、言いかえると、それらについて私が持つ観念が、ある事物の観念であるのか事物の観念ではないのかを私は識らないのである。（4321-26）

私が熱く感ずることは偽ではありえなかった。いま真か偽かを疑われているのは私の感じが熱なる事物を表象しているか否かである。言いかえると私の感じが熱場を表象しているか否かが問われている。

私の持つ熱と冷の観念は、あまりにも明晰判明ではなく、かくて冷は熱の欠如にすぎないのか、あるいは熱が冷の欠如であるのか、あるいは両者とも事物的性質であるのか、あるいは両者ともそうではないのかを私は知了する（discere）ことができない。そしていかなる観念も事物の観念のごとくでなければありえないから、冷が熱の欠如に他ならぬことが真であるとすれば、私に冷を事物的で措定された何かのごとくに表象する観念が偽であると言われても不当ではない。（4330-4407）

この議論を第三省察の文脈において解することが重要である。デカルトは原因論において、熱い事物に事物性を与えるものを探求しようとしていた。そして熱い事物は一定の場を形成することを前提としていた。しかるに、かりに熱が冷の欠如であるとすれば、より熱い事物に事物性を与えているのは、いわば冷場の原因であることになる。しかし強調したいことは、こうした事態は熱場の内部においてはさしたる意義を持たないということである。なぜなら熱場の原因がなんであれ、より熱い事物とより熱くない事物との諸関係は変わらないからである。にもかかわらずデカルトが質料的虚偽を問題にするのは、デカルトが熱場が冷場としても表象されうるのだと言いうる場所に立っているからである。

いまソクラテスが座っていることに心動かされているとしよう。私は強いものを思っているのだとしよう。強いものの観念が私の内にあるのであり、強いものの観念はそれなりの順序と生成の関係を形成している。強いものを思うことはこの限りでは偽ではありえないのである。しかし強いものの場はそれ自体が限定された一つの世界にすぎない。別の世界からすれば、それは実は弱いものの場であるかもしれない。言いかえればソクラテスが座っていることに心動かされるとき、私は実は（revera）弱いものに、あるいは弱さの欠如に心動かされているのかもしれない。とすると私の当初の思いが強い事物を表象しているがごとくであったとすれば、観念には質料的虚偽があることになる。質料的虚偽の嫌疑を受ける観念についてデカルトは次のように書いている。

かかる諸観念には、私とは異なる作者を指定する必要はない。というのも、もしそれらが偽である、すなわちいかなる事物も表象しないとすると、自然の光によって私には、それらが私の内にあることの原因は他でもないが、それらが無から出来すること、すなわち私の本性には何かが欠けていてまったく完全ではないからであることが識られるのである。もしもしかし諸観念が真であるとしても、それらは、事物でないものから私が区別できないほどの事物性の少ししか私に表示しないから、何故それらが私自体によってありえないのかが判らないからである。（4409-17）

私が力場でありかつ力場の原因であるとき私は観念の作者であろう。そして私が作者となっている物語りを私は思い心動かされるのである。しかしいまはその物語りの内で描かれている力が本当の力であるかが疑われている。実は物語りの内で無力と描かれているものが本当の力であって、それの欠如が物語りの内で力として描かれているのかもしれない。こうした疑いから何を結論するべきであろうか。

第一に、観念が実はいかなる事物も表象していないときには、疑いは私の本性＝自然（natura）に差し向けられることになる。例えば私が自然に＝おのずからどこにもないものを力あるものと思って心動かされるとき、実はそれが力ある事物ではない場合に、私の自然には欠けるところがあり完全ではないと言われる。仮に私が自然に＝おのずから発現するような自然力を持ち、しかもその自然力が創出して作動させる力場が存在して、その内で力あるものが表象されているのであれば、私の自然は完全であると言いうるであろう。しかしどこにもないものに力を付与する原因が私の自然力ではなくて私を一員とする作者であれば、その力は作為された人為的力にすぎない。そして私はそのような力を自己の自然の形相的事物性・完全性として持つわけではないのに、その力に自然に＝おのずから心動かされることを自己の自然力の発現として感受してしまう点で私の自然は不完全なのである。

第二に、観念が少しの事物性しか表示しないときには、疑いは私自体に差し向けられる。観念が実は少しの力しか表示していないとは、観念が表示するソクラテスの強さやどこにもないものの力が、私によって作為可能で了解可能な強度しか含んではいないということである。だから私が作者でありうるような力は、私の力量を越えることはないし、同等ならざる異なる力の探求には寄与するところはないのである。

ではここからいかなる教訓を導くべきであろうか。ソクラテスが座っていることの強さやどこにもないものの力だけを基準として、より力ある事物の観念を形成することも力場の原因を探求することもできないし、ひいては最高に力ある事物の観念を精錬することはできないのである。例えば〈木は法廷に立てるか〉といった問いが立てられるとき、法廷に立てることは疑いもなく力であると考えられている。しかし法廷に立つことは、無力の現れ、あるいは力の欠如であるかもしれない。そして法廷に立たないことの方が力であるかもしれない。木は法廷に立たずに生きかつ死ぬことができる点において、いっさいの人格より力あるかもしれない。もちろんこうした疑念は、法廷で表象される力場自体を脅かすものではない。実際私は木の力は人格の力の欠如であるのか、その逆であるのか、どちらも力ではないのかを知了することはできない。しかしこの疑念をくぐるのでなければ力あるものの観念を精錬することはできないし〈私より力あるもの〉に触れることはない。

註

デカルトのテキストからの引用はアダン・タヌリ版全集第七巻の頁数と行数により、それを本文中の引用箇所に括弧内の数字で示す。例えば（4005-10）は四〇頁五行目から同頁一〇行目を示す。

（1） 持田辰郎「欺く神と神を知解する途の多様性」『名古屋学院大学論集《人文・自然科学篇》』第二八巻一号（一九九

一年）参照。

（2）村上勝三『デカルト形而上学の成立』（勁草書房、一九九〇年）は cogitandi modi を「思惟する事物の思惟しているすがた」と言いかえている（同書、一九六頁）が、それはまた私の心の姿ともいえよう。

（3）この点では語源学的には疑わしいようであるが、res（事物）は reor（思う）から派生したとする説は重要である。cf. J-F. Courtine, *Suarez et le système de la métaphysique* (1990), p. 158 et p. 184-186.

（4）なお思惟する事物の事物性については別の機会に論じたい。

（5）この意味において「観念は……わが思惟の外なる存在を志向するところの契機を含んでいる」（所雄章『デカルトII』（勁草書房、一九七一年）一四六―一四七頁）ということを理解したい。

（6）村上は前掲書（二一〇―二一一頁）で石についても私についても「それが実体であると論定されても、判断されてもいない」とし、思惟の仕方（cogitationis modus）からのみ実体の観念が取り出されることに強調点をおいている。

（7）根井豊「第3省察における神の第一証明」『九州大学教養部 テオリア 哲学篇』第二九号（一九八六年）は、「実在性の度」の査定は先行する実体・様態の成立構造から把握されるべきであり、「実在性の度」を「内包量的な度の相違」とみるならば実体と様態とを「比較しうる視界」は拓かれないとしている。しかしデカルトは逆の道を、すなわち「実在性の度」が第一次的で実体・様態の分出・成立が第二次的であるような道を採っていると思われる。しばしば実体・様態の区別が第一次的であるとする解釈の典拠として第三答弁（18521-28）が引かれるが、そこでデカルトは「事物性が多少を容れる（suscipere）」ことと「より以上の事物である」という関係とを第一次的として、その上で実体や様態が「与えられるならば」と進めているのである。

（8）ここでは「私独りに語りかける」（3416）デカルトのことも念頭においている。

（9）村上は前掲書（二〇六頁、注一六）で、ここでは「どの程度の熱がどのような基体に導き入れられるか」といった「問いとは無縁なところで論述がなされている」と的確に指摘している。

（10）山田晶『トマス・アクイナスの《レス》研究』（創文社、一九八六年）四六〇頁参照。

（11）なお第三省察のはじめは過去の宇宙論批判として読むことができる。例えば 3516-29 を参照。

（12）この点では観念を質料的にとらえるとき観念の「形相的」事物性と言われても「質料的」事物性とは言われないことが重要である。山崎広光「デカルトと観念の問題（上）」『中京大学教養論叢』第二四巻第三号（一九八三年）参照。

（13）cf. A. Doz, "Quatre études brèves sur Descartes," *Etudes philosophiques* (1974).

（14）所雄章「デカルトの神――その完全性と無限性との相覆性について」『哲学雑誌』第七一四号（一九五二年）参照。

（15）ここには対象的事物性の量を形相的事物性の量に対応させる議論と、事物性の量を全体と部分との関係に介在させる議論とが伏在しているとも言いうる。cf. G. Deleuze, *Spinoza et problème de l' expression* (1968) p. 74.

（16）鈴木泉「無限の形而上学――デカルト『省察』における神の実在の第一証明による」『哲学雑誌』第七七七号（一九九〇年）参照。

（17）以下の議論は、M. Tiles, *The Philosophy of Set Theory* (1989) p. 22-31 から示唆をえた。

（18）このテキストをめぐる優れた論考として長井真理「分裂病者の自己意識における「分裂病性」」『内省の構造』（岩波書店、一九九一年）、高橋哲哉「コギトの闇と光――デカルトと「主体」の問題」『逆光のロゴス』（未来社、一九九二年）を挙げておきたい。ただしこのテキストの趣旨を感情や情念にも適用する解釈（M. Henri, *Généalogie de la psychanalyse* (1985) chap 1, J.-L. Marion, "Générosité et phenomenology," *Etudes philosophiques* (1988)）は、その素朴さにおいて決定的な難点がある。

付論1　完全性と無限性——スアレス研究ノート

フランシスコ・スアレス（Francisco SUAREZ, 1548-1617）は晩期スコラ哲学において最も重要な哲学者であり、近世哲学の形成においてもきわめて大きな役割をはたした哲学者である。本稿はスアレス『形而上学討究』（Disputationes Metaphysicae, 1597）第三十討究第一章・第二章の概観であり、デカルトとの関連で若干の批判的検討が註として付加される。(1)

一　完全なるものとしての神

完全なもの（ens）とは何も欠けてはいないものであると言われるが、これは欠如的にも（privative）否定的にも（negative）解される。前者の場合、本性上それにあるべき（debitum）何ものも欠けてはいないものが完全であることになるが、この意味では、多くのものがその種あるいは類において完全なものである。しかしそうしたものは、「ものの全範囲において（in tota latitudine entis）」完全であるのではない。(2) 後者の場合、完全性の何ものも欠けていないものが完全であることになるが、この意味では、そうしたものは絶対的に完全である。神は両方の意味において完全である（30-1-1）。

まず、神が欠如的に何らかの完全性を欠くのではないことについては、神は自己によって（ex se）あるし、神は自己にあるべき完全性全体を自己によって得るからそれを欠くことはないとされる。(3) そしてこの論点は神の現実性と単純性とによって補強されている（30–1–2）。

次に、あらゆる完全性が神にあるべきことについてであるが、スアレスはこれを聖書と教父の権威によって示した上で（30–1–3）、それについてのア・ポステリオリな論証を提示する。あらゆる可能な完全性は、非被造的か被造的かである。前者の場合それは、唯一の非被造的なものすなわち神にある。後者の場合それは、第一の主要な原因としてのものすなわち神にある。神は被造的完全性を、より高貴な卓越的な仕方で自己の内にもっていて、その固有の力（virtus）によってそれを諸結果に与える（communicare）のである。ところでこの論証は〈可能で真で事物的な完全性〉について言われているのであって、その完全性が被造物の内に現実に見いだされるか否かには関係がないとされる（30–1–4）[4]。

次いで、あらゆる完全性が神にあることのア・プリオリな論証が提示される。神は第一のもの（primum ens）であるから、最高にして最も完全である。よってあらゆる可能な完全性を含んでいる。ここに、第一のものが完全性においても第一であることについては、次の仕方でも示される。「あらゆる下位の（inferiora）ものどもは、この第一のものに、より多く・より少なく近づく（accedere）のに応じて、より多く・より少なく完全である。他のすべてのものの始源かつ尺度（caput et mensura）である何らかの極度のもの（supreum ens）が与えられているのでなければ、諸事物のこうした不等性において、このように無限に（in infinitum）進行することはありえない。この極度のものは第一のもの以外ではありえないし、よってそれは最高に完全である」とである[5]。

しかしそれでも、第一のものがあらゆる完全性を含むことは、一見明白ではないようにみえる。例えば、人間はあらゆる動物の内で最も完全ではあるが、しかしあらゆる動物の完全性を含むわけではないからである。だが第一のものは、他のものの第一原理として他のものの完全性を別の仕方で含むのであって、その意味で〈あらゆる〉完全性を含んでいるのである（30–1–5）[6]。さらに加えて、神はあらゆる〈可能な〉完全性を含む点について論じられる。何らかの完全性が可能であり、しかし神がそれを欠いているとしたら、その可能な完全性と他のすべての完全性とを含むものは、神より完全であることになってしまう。だからこそアウグスティヌスとアンセルムスは神を〈それより大きなものが考え出されえないもの〉としたのである（30-1-6）。

諸完全性が共可能（compossibiles）か否かが問題となり、この文脈で完全性が二種類に分割される。[7] 神の内には、あらゆる完全性がそのままの形であるわけではないことを示すために、形相的にみられた完全性がすべてのものの総体的完全性（consummata perfectio）に関与するわけではないし、あらゆる完全性が相互に共可能なわけではないし、事物の厳密な最高の完全性と共可能なわけでもないと語られる。その上で完全性が、単的に単純な（simpliciter simplices）完全性と、何であるかによる（secundum quid）完全性とに分割される。前者はいかなる不完全性も含まず、他の完全性との矛盾や対立も含まない。例えば、生きること（vivere）・賢いこと（sapere）であるが、これは形相的に神に含まれる。後者は他の完全性と対立することがあり、よってある類における（in certo genere）完全性でもある。これは優越的に神に含まれる（30-1-8, 9）。

優越的に含むということが問題とされる。それは「下位の完全性にあることは何でも、その力（virtus）によって含むような、上位の相の完全性をもつことである」が、このことは原因性と結果との順位（ordo）において最もよく解明される。すなわち神の内には、被造物の完全性を創造する本質があるという仕方で解明されるのである（30-1-10）。しかし「被造物の完全性を優越的に含むことは、不完全性を取り除いて（seclusis imperfectionibus）被造物の完全性にあることを含むことである」という解明は正しくない。というのは、あらゆる不完全性を取り除いたとしても、被造物の内的形相的相（ratio）と概念には不完全性が含まれているから、被造物の形相的完全性がそのまま残るわけではないからである（30-1-11）。よって、いかなる被造的完全性も神に形相的に含まれることはない。それは優越的にのみ含まれるのである。実際、被造の賢さ（sapientia）は偶性であり有限な完全性であるから、神の内にそのままの形でありはしない。確かに神は被造物にも適合するような完全性ももつが、その完全性は同じ名と同じ形相的概念にしたがって類比を保存して（salva analogia）神と被造物とに帰せられるのである。しかしかかる適合は、神の力の効果（efficacitas divinae virtutis）としてのみ解されるべきである（30-1-12）[8]。

二　無限なるものとしての神

有限と無限は、本来は物塊の量（quantitas molis）について語られるが、ここではそれの転用（translatio）によって論じられる。神は永遠であるから持続において無限であることは明白である。ここでの主題は、本質と完全性と、そして働く力（virtus agendi）における無限性である（30-2-1）。

神が無限であることは聖書と教父が教えている。そしてこれは、結果から、あるいはア・プリオリに証明される。前者の仕方では、アリストテレスが運動の時間的無限性から神の力の無限性を証明しようとしていた。しかしそもそもアリストテレスの証明の内容について様々な解釈がある。そこでスコトゥス・トマス・カイエタヌスの解釈が検討された上で、最終的には、運動からの証明、一般には自然学を介する証明は成立しないと結論される（30-2-2〜13）。また、運動が無限に増加することから力の無限性を示す証明も考えられるが、そこで示される無限の力は単的なそれではなく、動かす限りでの限定されたそれにすぎないのである（30-2-14）。

かくて結果からの別の証明が提示される。この証明の原理は、第一に、神が創造のための力（vis）をもつこと、第二に、創造のためには単的に無限な力（virtus）が要ることである（30-2-15）。これらの原理に基づいて、神の無限性は三つの仕方で示される[9]。第一に、神は事物のあらゆる度と多様な種を創造したが、その際には他の質料や補助原因を必要とせずに自己の力（potentia）だけで創造したのであるから、諸結果の側にはその力と矛盾しないという条件だけが課されていたことになる。よって、神だけが創造する力をもつからには、神はその同じ力（potestas）によって〈あることが矛盾ではなかったもの、かくて創造可能なもの〉をすべて作ることができた。第二に、神は先ず分有される自己の存在、すなわち分有されるもの（ens participatum）を創造した。この創造力は、ものの相を分有できるもの、すなわち創造可能なすべてのものに広がりゆく力でもある。第三に、神が何を創造しようとも、神の力に匹敵する結果や神の完全性に等しい結果を作らないから、神の力は常に完全無欠にとどまり、よって〈神の完全性により多く与るもの〉をすべて創造できる（30-2-16）。ただし、神が自己に匹敵するものを創造しないとしても、創造されるものが無限に生ずること（in infinitum fieri）は矛盾ではないし、創造可能なものの範囲（latitudo）は無限に広がるし、完全性の度においても増加しうるのである（30-2-17）。

次に、神の無限性のア・プリオリな証明が提示される。まず、第一のものの完全性は、ある類に特定された完全性ではないし、完全性の個々の類において特定された度に限られた完全性でもない。逆にその完全性は、あらゆる可能な完全性を含むのであり、よって無限である。ここでは先の第一のものの完全性の証明の論拠が、そのままで第一のものの無限性を証明するのだと語られる（30-2-21）。さらに、神は自己によって（ex se）あり自己以外の原因をもたず、かくて他のものによって制限されないことと、神が本質によってあるものであることとから、完全性において無限であると結論される（30-2-23, 24）。

では、完全性が無限性をも意味するとはいかなることであるのかとスアレスは問いを立てる。

さて神が無限であることを否定する論者にとっては、無限性は曖昧で確定されていない（confusa et indeterminata）特性であって、それはものの完全性には属さず、むしろ不完全性を含むのである。よってそれは現実のもの（ens in actu）には反しているし、たんに可能なるもの（ens in potentia）に帰せられうるだけである。さらには、もし一つの単的に無限なるものが与えられるとすれば、それはあらゆるものを自己の内に閉じこめる（in se claudere）のだから、それから区別された他の可能なものは知られえないはずである。例えば、単的に無限の大きさの物体があるとすれば、それの外部には他の物体は知られえないであろう。逆に、ある物体が他の物体の場所の外部にあれば、それは場所的には有限であると知られるように、あるものが他のもののあり様（entitas）

の外部にあれば、それはあり様において有限であると知られることになる（30-2-24）[10]。

スアレスは以上の議論に次のように応じている。無限性は何らかの不完全性を含みもしないし指示もしない。未完成の事物（res inchoata et nondum perfecta）は有限ではない＝終えられていないと言われるときには、総体的（consummata）完全性が否定されているのだが、無限性はかかる否定を意味するのではない。無限性は、限界（limitatio）の否定・事物を限界づける端（terminus）の否定を意味するのである[11]。さらには、ここでの無限性は量の無限性ではない。後者において端を欠くということは、いわば内部的な補足を欠くこと（carere intrinseco complemento）であり、それは不完全・曖昧・不確定にしか理解されない。しかし、完全性の無限性は不可分であり、それだけで（in se）最高に現実的で充実している。これに加えて、第一のものの無限性はものの多数から成るのではなく、一つのあり様の格別の（eximia）完全性から成るのである。よってこの無限性は、第一のものの一性（unitas）を取り除かないのであり（non tollere）、しかも第一のものの他の任意のものからの区別を妨げないのである。無限物体の例については、もしその無限性が〈あらゆる物体の多数あるいは集まり（aggregatio）〉からではなく、〈その端無き大きさの一性〉から成るのであれば、ここでの無限性に似ているとは言えよう。しかし無限なるものは他のものを優越的に含むにしてもこれを排しはしないのだから、無限物体の例による議論は正しくはない[12]。さてここにおいて、神の完全性の多さ（multitudo）について、それは有限か無限かという問題が起ってくると指摘して、スアレスは第二章を閉じている（30-2-25）。

註

（1）以下の本文において、例えば（30-1-1）は第三〇討究第一章第一節を示している。

（2）範囲（latitudo）という概念については、28-1-13参照。

（3） 神はいわば孤絶しているが故にその完全性を欠如的に欠くはずはないのである。だからこそ完全性を否定的にも欠かないことの証明が必要となる。かかる問題局面はデカルトの『省察』における神の第二証明にもみられる。J.-L. Marion, *Sur Le prisme métaphysique de Descartes*（1986）p. 244 は、デカルトにおいて aseitas は infinitas から由来するとしているが、事態は逆だと思われる。一般に Marion はデカルトの第三省察の神証明の完全性の契機を全く無視するが、デカルトにおける「完全存在神学の伝統」（T. Morris, Introduction to *The Concept of God*（1987）p. 7）を否定することはできない。

（4） よってスアレスは、現実化されてはいないが可能な完全性、これを神が卓越的にもつことを認めていることになる。その場合、可能性と神の力との関係が問題になる。cf. 田口啓子『スアレス形而上学の研究』（南窓社、一九七七年）一五七頁、J.-F. Courtine, *Suarez et le système de la métaphysique*（1990）, chap. 5.

（5） スアレスはトマスの第四の道（Summa Theologiae, 1-2-3）を〈極度のもの〉の導入によって補強していると解することができる。しかしここで「極度のものが与えられているのでなければ」と、幾分慎重な言い方がされていることは重要である。実際、無限に度を増加させるものの系列の内部のものにとっては、極度のものが与えられることは半ば奇跡なのであって、この奇跡が起こるときに始めて、〈近づく〉〈増加する〉などの概念が意味をもつのである。デカルトは第四の道に潜むこの難点を免れるために、無限の〈観念〉とそれを知得する〈私〉の〈能力〉とを主題化してその原因を探求する道をとったのである。なお〈極度のもの〉が占める概念上の位置は、解析学における〈上界〉のそれに相当し、それは単なる稠密性を越えた次元を拓いている。

（6） この論点はデカルトの〈より大きなことをなすものは、より小さなこともできる〉という公理に関係する。cf. M. Gueroult, *Descartes selon l'ordre des raisons* I（1953）, p. 255–257.

（7） 30-1-5 においてではなく、ここで完全性が二分割されていることが銘記されるべきである。デカルトは諸完全性の共可能性について明示的に語っていないことが注目される。「第二省察」が類種の分類を退けていること、事物の精神と物体への分割がなされていることが関係している。

（8） 神が他のもの〈より完全〉であるということは、原因と結果の順位に基づいて言われていた。よって人間の賢さや生の原因が、より賢く・より生きていると語られるのである。かかる原因の賢さや生においてこそ無限性が探求されるべきことになる。

（9）スアレスはここで神の力の無限性を示すには、神が〈創造可能なもの（ens creabile）〉を創造できることを示せば充分であると想定している。この想定に潜む循環についてはJ-F. Courtine, *op. cit.*, chap. 5が精確に論じている。

（10）よって有限なものがあれば無限なものはないと推論されよう。これはデカルト『省察』への「第二反論」第三項に提出されている〈神の不在証明〉に似ている。*Oeuvres de Descartes*, publiées par Ch. Adam et P. Tannery, VII p. 125.

（11）ここでfinisとlimitatioとが区別されていることに留意しておきたい。この区別はデカルトの無限と無際限との区別に関係する。cf. Resp. I ibid., p. 112-113.

（12）以上の議論は第二章で最も着目すべき議論である。確定した一なるものとしての無眼・他の一切を排除するのではなく産出するものとしての無限、これが完全性の概念から立ち上がってきたことが重要である。完全性の一性あるいは一性なる完全性が、近世無限論の形成において決定的役割をはたしたのだと言うことができよう。デカルトに関しては、所雄章「デカルトの神——その完全性と無限性との相覆性について」『哲学雑誌』第七一四号（一九五二年）を参照。ライプニッツと公理論的集合論の無限公理とに関しては、岡本賢吾「無限の理論の系譜学——実体のシステムから集合のシステムへ」『現代哲学の冒険』第九巻（岩波書店、一九九一年）、近世空間論との関連においては、下村寅太郎『無限論の形成と構造』（弘文堂書房、一九四九年／みすず書房、一九七九年）五六—五七頁を参照。かくて神の一性と、多（multitudo）からではなく内包（intensio）からなる無限（29-2-24）との関係が問題となってくる。なお内包的な無限性については、田辺元『数理哲学研究』（岩波書店、一九二五年）一九一—一九三頁が論じている。

付論2　神の存在証明と宇宙の存在証明

現在の宇宙論は、現代版の神学である。しかし、もちろん、無知の隠れ家として「神」が持ち出されがちであるからではない。そうではなくて、現在の宇宙論に含まれる問題系が、神学のそれに類似しているからである。ただし、その類似性を精確に示すことは、宇宙論の側からにせよ、神学の側からにせよ、極めて難しい作業になる。現在の「宇宙」が古典的な「神」に相当することは自明であるにしても、宇宙論における「宇宙」の理論的位置価と神学における「神」の理論的位置価の異同を見定めるためには、宇宙論と神学それぞれに固有の仕方でブレークスルーを必要とするからである。ここでは、神学の側からのアプローチのための予備作業を行なってみたい。

ところで、存在証明の観点から宇宙論を考える上で参照に値する書物は、それほど多くあるわけではない。トマス・アクィナス『神学大全』、デカルト『省察』、スピノザ『エチカ』、マルブランシュ『真理の探求』、カント『純粋理性批判』くらいのものである。ここでは、『神学大全』「第二問題第三項」における五つの存在証明のうち第二証明と、『省察』「第三省察」における二つの存在証明のうち第一証明を取り上げる。その前に、導入的なことを記しておく。

第一に、神の存在証明の現代化の方向についてである。おおむね、神の存在証明は公理的集合論の枠組みを用いて解釈されてきた。神は無限集合に、稀には空集合に相当すると解された上で、神の存在証明の論証構造が、公理的集合論の枠組みによって整序されてきた。この場合、名辞「神」や述語「存在する」に関して詮議はあったものの、「神は存在する」という存在証明の結論は、公理的集合論の枠組みで証明可能な定理でありうると見なされ、そのことでもって神の存在証明は現代化されたと見なされてきた。神学は、論理学と数学によって合理化されることをもって救い出されるというわけである。しかし、言うまでもなく、神学における神は、無限集合以上・以外の何ものかである。とするなら、神学を現代化するためには、公理的集合論以上・以外の論理学と数学を総動員する必要があるだろう。しかし、それだけでは、決定的に欠けるところがある。神学における神は、何よりもまず、あらゆる存在者を創造し維持するものである。しかも、論理学と数学を創設するだけではなく、それが適用される自然界、それを適用する精神をも創造するものである。神の存在証明の現代化のためには、宇宙論を参照しなければならない所以がここにある。

第二に、存在者 ens と存在 esse とのいわゆる存在論的差異についてである。神の存在証明においてその存在を証明される神は、最高・最完全・全能などの形容が付されるものの、存在者として規定されている。そのために、神の存在証明は、存在者と区別されるべき存在そのものには届いていないと見なされてきた。存在忘却、ここに極まれりというわけである。ところが、事情はそれほど簡単ではない。宇宙論の側から述べてみる。現在の宇宙論で語られる「宇宙」は、少し検討すれば直ちに気づかれるように、多義的な用語になっている。火の玉状態と想像される初期「宇宙」、背景放射が観測される「宇宙」、背景放射などの観測から理論的にその膨張が確認される「宇宙」、インフレーション理論における諸「宇宙」、量子効果のレベルにおける「宇宙」、これらは、経験的な意味においても理論的な意味においても、大いに異なっている。ところで、宇宙論が探求しようとする宇宙とは、あらゆる存在者がそこに於いて存在し始めて存在し続ける場のことであるとするなら、これらの「宇宙」の多くは、存在者に数え入れられるべきであって、およそ「宇宙」の名に値しないのだと一旦は言わざるを得ない。ところが、ここでも事情はそれほど簡単ではないことは、例えば、素粒子と場の存在論的差異、量子重力論の困難を考えるだけでも明らかであろう。いずれにせよ、存在証明が目指すのは、存在者がそこに於いて存在する場が存在することの証明であるが、存在を忘却することなく、存在者化されない場の存在を証明するためには、すなわち、存在論的差異を精確に知るためには、まさに神と宇宙の存在証明を精確に仕上げなければならないのである。ただし、現状では、宇宙論においても神学においても、この点で確定的な見通しはないということを銘記しておくべきである。なお、存在者について一点だけ触れておく。大抵の場合、存在者は固体のイメージで捉えられている。しかし、むしろ、存在者は流体のイメージで捉えられるべきである。存在者が固体で例示される場合でも、その存在者性 entitas は固体の物性や強度として捉えられるべきである。こうして、粒子だけではなく波動や場も存在者に数え入れられることになり、神学と宇宙論の間に連絡をつけることができるようになる。

第三に、現在の宇宙論が神を持ち出す事情についてである。現在の宇宙論は、宇宙の起源、すなわち、宇宙の形相・質料を創成した第一原因、宇宙の存在を創成した第一作動原因の探求に傾注している。そして、無からの創造という最初の一撃においてだけ、神を呼び出しがちである。すなわち、〈ビッグバンは、空間・時間・物質・エネルギー・重力を創成した出来事である。ビッグバンは、この宇宙の究極的な起源である。したがって、ビッグバンが「いつ、どこで」起こったのか、ビッグバン「以前」はどうなっていたのか、ビッグバンが到来する「場所」はどこにあったのか、といった一連の問いは、端的に無意味な問いになる。現状の理論からすると、ビッグバンがそこに於いて起こった時と場は、理論的に理解不可能なものであるがゆえに、端的な虚無であるとでも言うしかない。この限りにおいて、ビッグバンなる最初の一撃は、無から存在を創造する神に似ている〉とである。これに対して、神学の側から、こう応じてみることができる。〈時空が創成した出来事がそこに於いて起こった無としての場に対して、時間概念を適用できないというのはその通りであろうが、だとすると、それを永遠なるものとして概念化することができる。永遠なるものが全時間的に存在するなら、それは現在においても存在していることになる。また、無としての場に対して、空間概念を適用できないというのはその通りであろうが、だとすると、それを到るところにあるが何処にもないものとして概念化することができる。遍在的に存在するにしても、決して局所的には存在しないものとして概念化することができる。こうして、ビッグバンに関わって無意味とされる問いを、永遠にして非局所的なるものが存在するか否かという存在証明の課題に転ずることができる〉とである。要するに、現在の宇宙論は、通常思われている以上に、神学の概念を召喚せざるをえないのである。そして、逆に、神学の諸概念は、現在の宇宙論によって照射されうるし、照射されるべきなのである。

その一端を論ずることにしよう。

トマス・アクィナスは、『神学大全』第二問題第三項「神は存在するか」において、神の存在を証明する「五つの道」を提示している。第一の道は、運動から出発して、第一動者の存在を証明する。第二の道は、結果から出発して、第一作動原因の存在を証明する。第三の道は、可能的存在者から出発して、必然的存在者の存在を証明する。第四の道は、一定の強度から出発して、最高度の存在者の存在を証明する。第五の道は、事物の秩序から出発して、知性的存在者の存在を証明する。それぞれが宇宙論的な含意を有しているが、ここでは第四の道を見ておく。

第四の道は、事物に見出される度合い gradus からのものである。事物には、善・真・高貴などが、多かれ少なかれ見出される。しかるに、さまざまなものについて多と少とが語られるのは、最高度においてある何かに近づくさまざまな仕方に応じてである。例えば、最高度に熱いものにより近いものがより多く熱いのである。だから、最も真なるもの、最も善なるもの、最も高貴なるものである何かが、したがって、最高の存在者である何かが存在する。『形而上学』第二巻で言われるように、最高度に真なるものは最高度に存在者であるからである。ところで、何らかの類において最高度と言われるものは、その類に属するあらゆるものの原因である。同巻で言われるように、例えば、最高度に熱い火は、あらゆる熱いものの原因である。それゆえ、あらゆる存在者に関して、存在 esse の原因であり、善性や任意の完全性の原因である何かが存在する。そして、われわれはこれを神と呼ぶ。

トマスは、最高度の熱さとの遠近が熱さの度合いを決めるとしているが、この点について注意しておくべきことがある。熱さには、そもそも最高度ないし最大値などは存在しないように思われているからである。三度の熱さと二度の熱さがあるとき、前者が後者より熱いのは、前者が後者に比して、より多くの熱さを持っているからであると考えられがちである。つまり、熱さの度合いが増すのは、熱さが加算されることによってであると考えられがちである。しかし、この考え方は一面的である。というのは、三度の熱さに比して、二度の熱さには、一度の熱さの差異に相当する欠如があると考えることができるからである。このとき、三度の熱さと二度の熱さの差異は、熱さの量の差異であるだけではなく、熱さの欠如の量の差異でもある。とすると、一方では、熱さを完全に欠如した状態、完全な冷たさの状態、絶対零度の状態を理論的に想定することができるし、反転して、他方では、熱さの欠如が熱さによって完全に補填された状態、完全な熱さの状態、絶対最高度の状態も理論的に想定することができる。一般に、強度量に関して、最高度や最大値の想定は当初は不合理に見えるが、絶対零度が理論的に合理的である程度には、絶対最高度も理論的に合理的となる場合がある。また、宇宙論で問題になる状態は、そもそも温度概念に不可欠な熱平衡を定義できない状態であるからには、通常の温度の上界に相当する最高度を想定することは現実的にも理に適っている。こうして、第四の道は、絶対最高度と絶対零度の存在証明として読み解くことができることになる。

その上で、問われるのは、最高度に熱いもの（最低度に熱いもの）は、あらゆる熱いものの原因であると想定することができるのかということである。ここで存在論的差異が問題になる。仮に最高度に熱いものが、さまざまな熱いものと同じ存在様式の存在者であるとするなら、すなわち、熱い存在者の一義性を主張するなら、どうしても、最高度に熱いもののことを、あらゆる熱いものを熱いものたらしめるべく熱さを供給する熱源として想像してしまうことになる。しかし、それは神に相応しくないし、もちろん宇宙にも相応しくない。したがって、一旦は、と言っておくが、熱い存在者の二義性を導入して、最高度に熱いものと、あらゆる熱いものは、存在様式を異にする存在者であると言わなければならない。その上で、あらゆる熱いものの原因であるところの最高度に熱いものを、いかなる存在者として想定することができるのかと問わなければならない。トマスの意図を現代化して、こう答えておく。熱いものとは分子運動集団のことであるからには、あらゆる分子運動を存在させるもの、運動する分子を創成し維持するもの、これが最高度に熱いもの（最低度に熱いもの）であると理論的に想定されるべきである。宇宙には、さまざまな熱いものが存在する。摂氏零度の氷水、恒温動物、絶対零度近くのボーズ－アインシュタイン凝縮状態、温度概念が無意味になる初期宇宙の高温高圧状態などの存在者が存在する。第四の道は、これら存在者を熱い存在者として存在させている分子運動を存在させているもの、これの存在を証明しようとしているのである。

しかし、第四の道は成功していない。現在においても、さまざまな分子運動を存在させるものの存在は明らかにされていないのと同様に、第四の道は成功していないのである。というのは、最高度に熱いもの（最低度に熱いもの）が理論的に構成されたものにとどまっているからである。それらが理論的に構成されざるをえないことは認められるが、理論的に構成されたものが、その通りのものとして（形相的に formaliter）、あるいは、それ以上のものとして（優越的に eminenter）存在すると証明するためには、さらに幾つものステップを要するからである。以下、最高度に熱いもの（最低度に熱いもの）を、量子論的真空状態と捉え直して進めることにする。

さて、デカルトの『省察』「第三省察」の存在証明のポイントは、〈観念〉と〈精神〉を導入することである。現代的に言うなら、量子状態の観念と、量子状態を観測する精神を導入することである。まず、「無からは何も生じない」という原則の基礎にある原理が確認される。

自然の光によって、作動的で全体的な原因には、この原因の結果にあるのと、少なくとも同じだけのものがなければならないのは明瞭である。結果は、その事物性 realitas を、原因からではないとすると、どこから受け取ることができるか。原因は、すでに事物性を持っていないとしたら、いかにしてそれを結果に与えることができるか。ここから帰結するのは、何かが無から生ずることはありえないということ、また、より完全なものが、言いかえるなら、一層多くの事物性を自らに含むものが、より少なく完全なものから生ずることはありえないということである。

熱という事物性ないし物性は、無から生ずることはありえない。熱という結果ないし効果を産出する原因には、熱という物性以上の物性がなければならない。この限りでは、熱という事物性の作動的で全体的な原因は、分子運動のことであると解することができる。同様に、運動する分子という事物性については、その作動的で全体的な原因は、量子状態のことであると解することができる。しかし、問題は、デカルトの時代にあっては分子運動が、現在においては量子状態が、理論的に構成される事物性にとどまるということ、言いかえるなら、概念や観念によって表わされる限りでの事物性にとどまるということである。そこで、デカルトは、事物性の原因論を観念に適用する。

このことは、その事物性が現実的か形相的である結果についてだけでなく、そこにおいて対象の事物性 realitas objectiva だけが考察される観念についても、分明に真である。言いかえるなら、例えば、以前に存在しなかった石は、石にあるものの全体を形相的か優越的に持つ何らかの事物によって産出されるのでなければ、今存在し始めるということはありえない。また、熱は、熱と少なくとも等しい程度に完全である事物によるのでなければ、以前には熱くなかった基体に導入されるということはありえない。さらにまた、熱の観念や石の観念も、熱や石のうちにあると私が認識するのと少なくとも同じだけの事物性がある何らかの原因によって私のうちに置かれたのでなければ、私のうちにありえないのである。

熱い石、すなわち、太陽の起源が問題にされている。以前には存在しなかった太陽が、今や存在し始めるためには、何らかの原因が必要である。この作動的で全体的な原因は、太陽のすべての物性を産出するものであるから、太陽のすべての物性を形相的か優越的に含んでいなければならない。この究極的な原因は、量子状態のことであると解しておいてよい。ところが、ここに語られる量子状態は、理論的に構成されるもの、要するに観念である。だから、観念に事物性の原因論を適用してみなければならない。すると、一旦はこうなる。

量子状態の観念は、量子状態を表象する。量子状態の観念は、量子状態を対象として理論的に構成する。この対象化される量子状態の事物性がどこから由来するかというと、量子状態に理論的な位置価を賦与する量子力学の諸観念からである。つまり、観念の対象の事物性の原因は、別の観念に差し向けられていく。言いかえるなら、量子力学を思考する精神に差し向けられていく。こうして、観念の対象の事物性は、「観念の原因のうちに、形相的にあることは必要がなく、対象的にあるとすれば十分である」と考えられることになる。こうなってしまうと、量子状態が存在することの証明など望むべくもないことになる。ひいては、熱や分子運動の事物性の作動的で全体的な原因をそれとして認識することなど望むべくもないことになる（一連の観念―対象の順序を形式化するには、公理的集合論以上の数学を要することに留意しておきたい）。そこで、デカルトは、決定的な一歩を踏み出す。「私」というもの、あるいはむしろ、精神という事物を存在証明の内部に導入して、新たな立論を確立しようとするのである（内部観測者のモデル化に相当すると解してよいが、この場合の観測は、量子状態の観測であるからには、途方もない理論が必要となることに留意しておきたい）。

もし私が持つ観念の対象的事物性が余りに大きく、その事物性は形相的にも優越的にも私のうちにはありえないと、したがって、私自体はその観念の原因ではありえないと確知するなら、ここから必然的に、独り私だけが世界のうちにあるのではなく、観念の原因である何らかの他の事物も実在するということが帰結する。もしそんな観念が私に見出されないなら、私とは異なる何らかの事物の実在について確知できるようないかなる立論も私は持たないだろう。

私なる存在者は、熱いものである。そして、私なる存在者は、熱の観念を持つものでもある。このとき、熱の観念の原因は、熱いもの以上でも以下でもないで限りでの私に存するはずがない。しかし、間違いなく、私は、熱いもの以上の何ものかである。私は、熱いものであるだけでなく、さまざまな事物性を有するものである。とするなら、熱の観念の原因は、熱いもの以上である限りでの私に存するかもしれない。このとき、私以外の熱いものや、私以外の熱いもの以上の何かの存在証明は決して成立しない。分子運動についても同様に進めることができる。こうして、あらゆる事物性は、観念によって表象される事物性であるからには、その原因は、私なる精神的存在者にいわば回収されてしまう。これが神学的で形而上学的な独我論である。では、量子状態の観念については、どうなるであろうか。

デカルトの立論は、こうなっている。観念の対象の事物性が、精神の事物性を越えてしまっているような、そのような観念があるなら、その観念の原因たる何ものかの実在が証明されるのだと。とすると、そんな観念を見出すこと、その観念の対象を理論的に仕上げること、それができて初めて、精神以外の事物の実在がそれとして明らかになる。そのとき初めて、神ないし宇宙が、いかなるものであるかも明らかになる。では、そんな観念はあるのだろうか。デカルトは神の観念がそれであるとした。現在においては、宇宙の観念が、さしあたりは、量子状態の観念がそれであろう。実際、量子状態の観念は、観測問題に窺えるように、状態ベクトルの収縮をもって観測と見なすところのコペンハーゲン解釈的な観測する精神の事物性を越える観念であることは間違いない。まさにこの辺りで、神学と宇宙論が通じ合うはずである。

以上の予備作業を通して示しておきたかったことは、神学と宇宙論は相互に概念を召喚することができるし、召喚する必要があるということである。最後に、神の規定とされることのある純粋現実態 actus purus を召喚しておく。

純粋現実態とは、そこに現実化されるべき可能性が残っていない状態である。言いかえるなら、一切の可能性がオブザーバルな存在者として現実化されてしまって、それ以上に現実化すべき何ものも残っていない状態である。いわば、すべてを出し尽くして、燃え尽きてしまった状態、燃え滓の状態である。消尽したもの（ドゥルーズ）である。ところが、驚くべきことに、神学は、純粋現実態としての神に、力能 potentia を帰すことがある。しかも、力能が神の本質であるとさえ主張することがある。純粋現実態とは、力を出し切った状態、力を使い尽くした状態であろうと思われるのに、全能を使い果たしたその後の燃え滓に依然として力能があるとされるのである。この点において、量子論的真空状態は、純粋現実態に相当すると言えるだろう。

神は、永遠にして遍在的なものである。そして、神は、観測する精神を創造するものであり、観測する精神が無いように見える状態において真空転移を実現するものである。さらに、神は、力能を本質とする純粋現実態である。現在の宇宙論も、この神を探し求めているのである。

II

デカルトにおける数学の懐疑

本稿の目標は、①数学の懐疑が数学のいかなる相に関わっているのかを明らかにするために、『省察』の当該箇所の解釈を確定すること、②数学の懐疑がどのように解決されるのかをデカルトの数学観に即して明らかにすること、③従来の解釈にみられる二つの傾向、一つは、永遠真理創造説についてのある解釈を基にして数学の懐疑を解釈する傾向と、二つには、第一省察での数学の懐疑と第五省察での数学の懐疑を混同する傾向とを批判すること、の三点である。

一　第一省察における算術の懐疑

デカルトは、夢と覚醒とを区別する確実な標識がないとした夢の懐疑を経たのちに、感覚される事象や空想あるいは虚構される事象はその存在が疑わしいとしても、そうした事象はつねに、延長・形・量・大きさ・数といった単純で普遍的なものによってその形式を制約されているから、これら単純で普遍的なものだけを扱い、またそれらが自然の中に存在するか否かにはさして気を配ることのない算術と幾何学は、確実にして不可疑なものを含んでいると一旦は結論する。実際、「目覚めていようと眠っていようと、2たす3は5であり、4角形は4つ以上の辺を持たない」のであるから、算術と幾何学は夢の懐疑によってもその真理性を傷つけられないのであり、かくて「かかる分明な真理が偽の嫌疑をかけられるとは思われない」とデカルトは述べることになる。(1)

しかし、デカルトはこの分明な真理にも懐疑を向けていこうとする。欺く神による懐疑である。「私の精神には、あらゆることをなし得る神がいて、この神によって私が現にあるように創造されたとする古くからの意見が刻みつけられている。とすると……私は、他人が自分では極めて完全に知っているとみなしていることに関しても誤っていると時折（interdum）判断するが、私が2と3を加えたり、4角形の辺を数えるたびに（quoties）誤るというように神はしなかったと私はいかに知るのか」。(2)

この欺く神による懐疑について注意されるべきことが三つある。第一に、デカルトはここでは算術のみを念頭においており、幾何学については第五省察で扱うということである。第二に、「2＋3＝5」なる数式や「4角形の辺の数は4である」という命題が完全に提示された上でそれらに懐疑を向けるのではなく、そうした数式や命題を構成しつつあるところの「加える」「数える」といった操作に着目して、これを契機として懐疑を遂行していることである。第三に、これが最も重要な点であるが、デカルトは「時折」起こる誤謬の経験から出発して、操作を実行する「たびに」常に誤るという状況を想定していく。(3)あるいはむしろ、常に誤る状況の想定を正当化するために欺く神が持ち出されていると解することができる。実際、デカルトは、この欺く神による懐疑に対する反論として、「常に誤るように私を創造したことは神の善性とは相容れない」とする反論や、「私の起源の創作者」として欺く神を指定して常に誤る状況を想定するよりは、運命や偶然や事物の連続的系列を指定して常に誤る状況の想定を免れる方が良いとする反論を予想しながらも、デカルトは、時折誤ることは事実であり、これが神の善性に反しないのであれば、常に誤ることも神の善性に反しないのであるとし、更に、私の起源の創作者として神以外のものを指定したとしても、私が「常に誤るほど不完全であるということは、いよいよ確からしくなる」と解答して、常に誤る状況を想定することが可能であることを強く主張している。(4)

よって、欺く神による算術の懐疑の解釈の要点は、時折起こる誤謬の経験と操作を実行するたびに常に誤る状況との対比の意味を正確に捉えることである。

先ず、時折起こる誤謬の経験は、算術の真理性を疑うという目的には寄与するところがないことが指摘される。時折他人が誤ると私が判断するという事実は、算術計算に関する真偽の規準を私が常に持っていることを前提としているから、他人の誤謬という事実は私が遂行する算術計算の真理性を直ちに疑わせる理由とはならない。同様に、時折私が誤ると私が判断するという事実も、算術計算に関する真偽の規準を私が常に既に持っていることを前提としているから、時折私が誤るという事実だけを懐疑の理由として、現在私が遂行しつつある算術計算において誤るのではないかと疑うことは実は空疎な言葉の上でだけの疑いとなってしまう。というのも、私は算術計算の真偽を見分ける規準を既に持っているのであるから、現在遂行されつつある算術上の操作の結果の真偽を見分けることも常に可能だからである。よって、欺く神による懐疑が算術の真理性そのものに関与するべきものであるなら、時折誤るという事実のみを懐疑の理由とすることはできないし、常に誤る状況が時折誤る事実の単なる一般化ではありえないことも明らかである。

では、算術計算の操作を実行するたびに常に誤るという状況をいかに解すればよいであろうか。この点で、明示的にであれ暗黙の内にであれ、かなり多くのデカルト研究者によって採られてきた解釈は、常に誤る状況とは、2＋3の計算結果について予め絶対的真理が、この私の操作の実行とは関係を持たない形でどこか別のところに成立していて、この絶対的真理と常に異なる計算結果を私が出すように欺く神が仕組んでいる状況であるとする解釈である。この解釈によると、欺く神による懐疑とは、算術において二つの真理体系を想定すること、あるいは、通常の算術とは異なる奇妙な算術を想定することになる。そして、この解釈は結局のところ次のいずれかの型に帰着する。

（i）2＋3＝a（a≠5、aは定数）が絶対的真理であるのに、欺く神は私が常に2＋3＝5と判断するようにしている。

（ⅱ）２＋３＝ｘ（ｘ≠５、ｘは変数）が絶対的真理であるのに、欺く神は私が常に２＋３＝５と判断するようにしている。

（ⅲ）２＋３＝５が絶対的真理であるのに、欺く神は私が常に２＋３＝ａ（ａ≠５、ａは定数）あるいは２＋３＝ｘ（ｘ≠５、ｘは変数）と判断するようにしている。

（ⅳ）２＋３＝ｔ（ｔは定数あるいは変数）が絶対的真理であるのに、欺く神は私が常に２＋３＝ｕ（ｕは定数あるいは変数、ただしｔ≠ｕ）と判断するようにしている。[5]

これらの型のうち、私が遂行する計算結果の一意性を問題としたり、私が２＋３の計算結果を５とはしないと想定したりする（ⅲ）と（ⅳ）の解釈は妥当ではないと考えられる。第一に、欺く神による懐疑の前に一旦は２＋３＝５が分明な真理として取り出されていたのであるから、操作を実行するたびに常に５とすることは問題とされていないと見るべきであろう。他方では、「２と３を加えるたびに」５以外の解を出すのではないかと想定することは、５なる解の正しさを秘かに前提することになるから、デカルトは「２＋３を加えるたびに」いかなる解を出せばよいのかを問題としているとも考えることができるが、このことは２＋３の解の一意性を問題とすることと決して同じではない。第二に、デカルトは、無神論者である数学者も完全に数学的真理を認識することを認めた上で、当の数学者も欺く神による懐疑の意味を理解するならば、「極めて明証的に思われること」において欺かれてはいないと確知し得ないことになるから、そもそも「真の知識」を持ってはいないことになると論じているが、[6] 無神論者が仮に欺く神による懐疑の意味を認めたとしても、「極めて明証的に思われる」計算結果の一意性を疑うはずもないであろうから、常に誤る状況とは「２と３を加えるたびに」５以外の結果を出す状況でもないし、時折は５と出し時折は５以外の結果を出す状況でもないであろう。かくて（ⅲ）と（ⅳ）の型の解釈は退けられるべきである。

こうして残るところは（i）と（ii）の型の解釈ということになる。これらの解釈は、欺く神あるいは何ものかが2＋3＝5とは異なる奇妙な算術を絶対的真理として制定していると想定するのであるが、こうした解釈の背景には、私の遂行する計算の真理性を、私の計算の遂行とは無関係なところに存立する絶対的真理に適合ないしは一致することをもって定義するという真理観が潜んでいる。かかる真理観を墨守する限り、私の計算結果が絶対的真理あるいは算術に関する事柄それ自体に適合ないしは一致しない事態を想定することは不可避となろう。(7) このように数学的真理を絶対的にあるいは客観的に存立する何かに対する一致として定義する見地、換言するなら、数学的真理を真理として知得する人間精神に対して真理を構成する働きを認めない見地に支えられている（i）と（ii）の型の解釈は、吾々の見るところ、『省察』のテキスト中にそれを支持する箇所を見出し得ないこともあり、その解釈の根拠をデカルトの永遠真理創造説に求めることになる。

さて、デカルトの永遠真理創造説は、（i）と（ii）の型の解釈者によるならば、数学的真理は神によって制定ないしは創造されたのであり、他方、神は全能であるから創造の時点では他の数学的真理も創造できたはずであるが、神の意志は不動であるから、一旦ある数学的真理が創造されてしまえばそれは不動であるという主張を含んでいる。それ故に、『省察』における欺く神とは、この永遠真理の創造神からその全能性だけを引き継ぐ一方で、意志は転変する全く恣意的な立法者に相当するのであって、欺く神による懐疑とは、欺く神がこの私に対しては2＋3＝5を永遠真理として制定しておきながら、本当は他の数式を絶対的真理として制定していると想定することであり、これが常に誤る状況の意味であるということになる。たしかに、『省察』本文では永遠真理創造説が明示的に述べられているわけではないし、右の解釈を直接支持する文面もないのではあるが、永遠真理創造説における神の頽廃した姿としてしか欺く神は捉えられないとされるのである。

吾々はこのかなり広く行き渡っている解釈は正しくないと考える。仮にその解釈が正しいとするならば、欺く神による懐疑の解決とは、欺かない神が2＋3＝5を絶対的永遠真理として制定したが故に、私が2＋3＝5と判断することは誤っていないと述べることに他ならなくなる。この解決は、私にとって2＋3＝5が真理であるのは、そのように決められているからであると述べることと変わらない。こうした解釈に何ほどかの説得性があるのは、それが2＋3＝5を真理として認めるこの私をそのようなものとして創造するに到った因果的系列を暗示する限りにおいてである。私が一定の歴史的文化的状況の内に生誕し一定の教育を受け一定の発達過程を辿ったことは、たしかに私が2＋3＝5を真理として認めるに到った諸原因であるし、そうした諸原因は算術を理解する限りでの私の起源の創作者として指定されるでもあろう。デカルトの永遠真理創造説はたしかにこうした事情を表現している。しかるに、2＋3＝5が真理として制定されたが故に私にとっても2＋3＝5は真理であると述べることは、実は右の因果的系列を暗示する限りにおいてのみ有意義なのであって、この私にとっての2＋3＝5の真理性を保証する上では寄与することがないのである。というのも、第一に、一定の因果系列をそれとして認めることができるためには、予め当の因果系列の到着点たる一定の真理の認識がこの私において成就していなければならないし、第二に、この私が一定の真理を認識する理由ないし根拠として、われわれにとって後なる因果系列についての認識は何の役割も果たさないからである。要するに、(i)と(ii)の型の解釈から導かれるような懐疑の解決の仕方は、「事物の真理そのものの秩序」と「私の知得に関する秩序」の混同の上に成り立っている。(8)

他方、(i)と(ii)の型の解釈は、永遠真理創造説の解釈においても妥当ではない。永遠真理創造説を表明するデカルトのテキストで注意されるべきことは、デカルトは、神が、例えば、「世界を創造しないこともできたように、円の中心から円周に引いた直線が等しいということを真でないようにできるほど自由であった」と述べるのであって(9)、神がこの数学的命題を偽あるいは不可能にすることもできたとは述べていないということである。だから、デカルトの神に許される選択は、一定の数学的真理を制定することか、それとも真理として制定しないことかの二つの間の選択であって、ある数学的命題が「真でない」事態とは、当の命題が偽となることではなく、端的に真理が無い事態と解されなければならない。そして、神の永遠真理の制定は、神の世界の創造と言わば去就を共にするのであり、真理が制定されない事態は、まさしく世界が創造されない事態に等しいのである[10]。

しかし、神に対してこのように選択肢を設定することは、神がその全能を遺憾なく発揮して世界を創造するべきものであるならば、神は必然的に一定の真理体系を制定することになるとするスピノザ的構想を孕んでいることは確かであり、デカルトはスピノザに到る根を断つために、一定の真理体系を制定することは直ちに神の全能・自由の制限とはならないことを繰り返し強調せざるをえない。すなわち「神が、山が谷なくしてあり、1と2で3ではないように出来なかったとはあえて言うべきではない」ということになる。だがデカルトは、現在の真理体系と異なる一定の真理体系を制定しえたと言うことが、神の全能・自由を救うことになるとは決して述べてはいない。つまり、神が1＋2を3以外の結果になるように出来たと語ることは、何の意義も持ってはいないのである。「ただ、私は、神が、谷なき山や1と2の和が3ではない事態は、私によって認識されえず、そのようなことは私の概念においては矛盾を含むとする精神を私に与えたと言うのみである[11]」。よって、1＋2＝3を真理として制定することと世界の創造、より限定して言えば、1＋2＝3を真理として認識する人間精神を創造することとは同じ一つの事態なのである。だから神に許される創造以前のもう一つの選択肢とは、1＋2＝3を真理として制定しないとともに、1＋2＝3を真理として認識する人間精神を創造しないという事態だけである。永遠真理は人間精神と去就を共にしているのである。

これを神の側から言うならば、神においては知性と意志とを理論上も区別はできないし、事物を創造する働きと永遠真理を制定する働きとは同じ一つの全体的起成因であるという所説になる[12]。

さて、（i）と（ii）の型の解釈は、欺く神は2＋3＝5を真理として認識する人間精神を創造する一方で、2＋3＝5とは異なる数式を絶対的真理として制定しているとするのであるが、こうした解釈が永遠真理創造説から直ちに出てくる解釈ではないことも明らかである。この解釈は言わば永遠真理創造説から引き算をしすぎるのであり、それ故に永遠真理創造説に支持されることもない。永遠真理創造説から引き出し得る唯一の反事実的状況は、（ｉ）や（ii）の型ではなく、真理と人間精神の非在なのである。

更に、（ｉ）と（ii）の型の解釈による欺く神の欺瞞とは、第二反論の著者が考えるような欺瞞、すなわち、「神がその心に反して、また定めたこととは反対に人間に何かを指示すること」、例えば、神が預言者の口を通して「決して起こらないこと、しかもその言葉が神の心と定めに対応することを欲しない」ことを告げることと同じ事態を意味することになろうが[13]、デカルトは、欺く神の欺瞞とは、このような「言葉で表現される嘘」ではないと明白に述べている[14]。欺く神による懐疑とは、神の心や定めの内に、2＋3＝5とは異なる絶対的真理を想定することではないし、逆に、2＋3＝5が「神あるいは天使には偽として現出する、それ故に、絶対的な言い方をすればそれは偽であると仮想する」ことでもないのである[15]。こうして、（ｉ）と（ii）の型の解釈は退けられるべきであると結論される[16]。

第一省察のテキストに戻る。

欺く神による懐疑の解釈の要点は、操作を実行するたびに常に誤るという状況をいかに解するかにあった。さて、「2と3を加えるたびに」常に同じ結果を出すと前提した上で、その計算について常に誤るとか常に正解すると語ることには何か奇妙なところがある。とりわけ、計算を行なう人間について、「2と3を加えるたびに」常に誤るとか常に正解すると語ることは、計算機についてならば有意味な語り方であっても、人間についてであるからには、事実上正しくない語り方であるし、何ほどか奇妙な語り方になっている。何故なら、人間が2＋3＝5を真と知ることは、当の人間が2＋3＝5以外の解答を誤謬として認知し、しかもその認知の理由を示し得ることも含意しており、一般にある真理は誤謬の可能性と誤謬との自己区別の可能性を前提としているにもかかわらず、この点を捨象ないしは隠蔽して、ある人間について「2と3を加えるたびに」常に5と出す状況だけを想定することは、当の人間が2＋3＝5についての知識を持たず、この計算についての真偽を見分ける規準を持っていないと想定することに等しいからである。要するに、私がある人間について「2と3を加えるたびに」5と出すという記述以外にいかなる知識も得ていないのであれば、私はその人間を計算機以上のものとは見ていないということになる。

他方、デカルトは2＋3＝5なる数式を完全には提示していないことが注意される。第四省察によるならば、明晰判明な観念が知性に与えられていない状況では、意志は肯定することも否定することも出来ない非決定の状態に置かれることになるのであるが[17]、デカルトが「2と3を加えるたびに」と述べて、「2＋3＝5と判断するたびに」と述べなかったのは、2＋3及び5についての明晰判明な観念が与えられない状態のままに、つまりは知らないことや分かっていないことについて、常に一定の操作を実行してしまっている状況を記述したかったからに他ならない[18]。この状況は、算術計算の意味の分からないままに九九の表を暗唱する子供の状況、あるいは計算機の状況と全く等しいと言うことができよう。

かくて、常に誤る状況における誤謬とは、2＋3＝5の真理に対して2＋3＝6が誤謬であると言われる意味での誤謬なのではない。2＋3＝5は明晰判明に知得されるが故に真であり、2＋3＝6は不分明にしか知得されないことが言わば明晰判明に知得されるが故に誤謬なのであるが、欺く神による懐疑における誤謬とは、そもそも明晰判明な知得を持たないままに、すなわち通常の意味での真偽の規準を持たないままに操作を実行することを指しているのである。だから、欺く神による懐疑とは、算術計算においてこの私が真偽の規準を獲得できないように創造されているのではないのかと疑うことに他ならない。永遠真理創造説との関連で言うならば、真理の存在と真理を真理として認める人間精神の存在を疑うことなのである。

欺く神による懐疑についての吾々の解釈が正しいとすれば、欺く神による懐疑は、人間精神の存在が確証された上で、人間精神にこそ算術の真理の源泉があることが開示されることによって氷解することになる。

二　算術の懐疑の解決

従来から欺く神による懐疑については様々な解釈が提示されてきたが[19]、それらの解釈は総じて懐疑の解決の仕方については関心を払ってはこなかった。この理由の一つは、「欺かぬ神が存在するが故に、明晰判明に知得されることは真である」というある意味では正当な命題によって、自動的に2＋3＝5の真理性も保証されると考えられたことにある。しかし、約めて言えば、神は欺くと思っていたが実は神は欺いていないから2＋3＝5は真であるというのが懐疑の解決であるとするなら、デカルトの懐疑とは知っていることを知らないふりをする自己欺瞞以上のものではなくなる。他方、「2＋3＝5」はたしかに「明晰判明に知得されること」の一つであるのだが、「欺かぬ神が存在するが故に、2＋3＝5は真である」という命題は、吾々の見るところ明らかに不当である。ここには、いわゆるデカルトの循環の問題も絡んでおり本稿の範囲を超えるのであるが、デカルトの循環の正しい解釈に見通しをつける上でも、2＋3＝5の真理性がいかに保証されるかを明確にすることが極めて重要であると思われる[20]。

何らかの事象についての真理を確知するためには明晰判明な知得で十分であるという一般的規則[21]、あるいは、「ある事物の観念を私の思惟から取り出し得るということだけから、その事物に属すると明晰判明に私が知得することはすべて実際にその事物に属する」という「真理の規則」[22]は、人間精神がある事象に関する命題を明晰判明に知得することが、当の命題を真たらしめる上で構成的に働くことを指摘している。そして、この規則が算術に関する事柄においても成り立つことが示されるならば、欺く神による懐疑は解決する。

この点を解明するために、算術の明晰判明な知得に二つの水準、すなわち、知性のみによる知得の水準と、想像力や感覚の援助を受けた知性による知得の水準とを区別する必要がある。

デカルトは第三省察において、第二省察での蜜蠟の分析を顧みながら、物体的事物の諸観念のうち、大きさあるいは延長・形・位置・移動、更には、実体・持続・数などの観念が明晰判明に知得されていたことを確認する。そして、実体・持続・数などの観念は自分自身についての観念から取り出されるとする。例えば、私が現在あることを知得し、また以前から存在していたことを想起することによって私は持続の観念を得るのであるし、私が様々な思惟を持っていてその数を知解することによって私は数の観念を得ることにもなる。そして、このようにして思惟の内から取り出される実体・持続・数などの観念は、他のいかなるものにも適用することが出来るとされる。(23)更に、この箇所を注釈した書簡によると、こうした観念の類には順序の観念も含まれている。(24)他方、大きさあるいは延長・形・位置・移動は、知性によってよりは想像力によって判明に認識されることになる。(25)

こうして、2＋3＝5を理解する道具立てとしては、知性は持続・数・順序の観念を、想像力に助けられる知性はこれらに加えて延長・形・位置の観念を予め既に有していることになる。その上で先ず、知性は2＋3＝5をいかに理解することになるのかと問うことができる。

『規則論』によるならば、直観と演繹という二つの操作は知性における確実で不可疑な操作である。そして、「一」はかかる直観に与えられる絶対者であり、「多」はこの「一」から一定の順序によって累積されていく諸関係を辿ることによって演繹される相対者であるとされる。(26)とすると、知性は一定の順序を形成する数系列を予め持った上で、数系列内での序位を標示している序数を一定の集合の多数性すなわち基数と解することができている。知性は、ある集合に含まれる事物の数を「数える」ことができている。他方、『規則論』では、「知性との関係で」単純でありそれ自体で知られ虚偽を含まぬものとして、推論過程を支える公理に相当する共通概念も挙げられている。(27)

こうして、知性は2＋3＝5の意味と真理を、いわゆる数え足しとして理解するか、数・順序・一・多・公理などの道具立てを用いてその形式的証明を与えることによって理解することが可能となっている。そして、こうした事情を示唆しているのが第三省察の第四パラグラフである。

懐疑の前には「算術や幾何学に関する極めて単純で容易なこと、例えば、2たす3は5であるということなどを考察したときには、少なくともそれが真であると肯定するに足るほど分明に直観していた」。しかしその後、欺く神による懐疑によって「極めて明白に思われることに関してさえ欺かれるような本性」を私が持っているのではないかと疑うにいたった。しかし、デカルトは以下のように言う。欺く神でさえも「おそらく2たす3が5より大きかったり小さかったりする事態、すなわちそこに明白な矛盾を私が認める事態をつくることは出来ないであろう」[28]。

このように、未だ欺かぬ神の存在証明が始まっていない段階において、デカルトが「おそらく」という保留付きではあれ、2＋3が5以外ではあり得ないという確信を表明しえた理由は、2＋3＝5と2＋3＝a（a≠5）という二つの数式が互いに矛盾していることが知性の水準において認知され、そしてその限りにおいて2＋3＝5の意味と真理が知性によって捉えられていることをデカルトが確信したからである。そして、人間精神がそもそも算術上の真理を構成することが出来るか否かを疑っていた欺く神による懐疑は、知性の水準においては確かに解決されているのである。

しかし、デカルトが「おそらく」と保留を付けたことに見られるように、デカルトは知性の水準における解決を十分なものとは考えてはいない。今、明晰判明な知得は真であるという真理の一般的規則が欺かぬ神の存在証明を経て何らかの意味で「保証」されるという事情を捨象した上で言うならば、その理由は吾々の見るところ三つある。

第一に、知性が2＋3＝5の意味と真理を当の数式についての形式的証明から汲み取っていたならば[29]、知性にとって2＋3＝5の意味と真理の徴表は一定の算術体系内における形式的無矛盾性であったと見ることができるが、デカルトにとって形式的無矛盾性は真理の十分な徴表ではなく、明晰判明な知得こそが真理の徴表であり意味の源泉であった。

第二に、デカルトにとっては、形式的証明は2＋3＝5なる数式の意味内容についての明晰判明な知得が予め成就して初めて試みられるのであって、逆に、2＋3＝5なる数式の形式的証明が2＋3＝5の意味と真理の知得を初めから可能にしていたのではない[30]。この点では、デカルトが弁証家の三段論法や矛盾律などの公理について、それらは予め既に知られた真理内容を形式的に教示するのに役立つだけの一種の修辞学にすぎないと批判していたことが想起されよう[31]。

第三に、知性が2＋3＝5の意味と真理をいわゆる数え足しとして理解していたとすれば、たしかに「4角形の辺を数える」ことに関しては十分な理解を獲得したことになるし、実際デカルトもこの例を第一省察以後はあげていないのであるが、知性は2＋3＝5をいわゆる寄せ算としての加法の意味では理解していないことになる。ところがデカルトにとっての本来的加法とは、この寄せ算、さらに限定するならば度量を表わす数を加えることなのであり、この本来的加法は想像力によって助けられる知性によってのみ理解されるというのがデカルトの所説であった[32]。

こうして吾々は、2＋3＝5の意味と真理を構成する明晰判明な知得は、想像力に助けられる知性によってのみ獲得されると考えることができる。デカルトによるならば、加法においては、2と3と5の序位だけではなく、2と3の大きさの比とその比における大小の差が予め規定される必要がある。そのためには、両者に共通の度量たる第三のもの、すなわち単位を設定した上で、両者をそれぞれ連続的大きさとして把握しなければならない。そして重要なことは、この過程全体が延長、とりわけ線との類比によって実行されなければならないということである。ここに初めて数は度量を表わす用法を与えられ、加法が定義されることになる[33]。すなわち、2＋3＝5なる数式は、想像力に助けられる知性が延長におけるモデルについて行なう解釈によって、その意味と真理を与えられているのである。

こうして欺く神による算術の懐疑は解決されるのであり、吾々はそのことを第五省察の冒頭において確認することができる。

「私は、量化された事物の延長を判明に想像する。……私はそこで様々の部分を数え、それらの部分に任意の大きさ・形・位置・移動を、さらにその移動に任意の持続をあてがう。それらは……私によく識られ洞察されるだけではなく、形・数・運動について無数の個別的なことを私は注意することで知得する。そしてそれらの真理は極めて明白であり私の本性に適合している。(34)」

人間の本性が算術の意味と真理を獲得できないようになっているのではないかと疑った懐疑は、人間の本性たる知性と想像力が算術の意味と真理を構成しつつ獲得していることが開示されたことによって解決する。

吾々は以上見てきたデカルトの算術観がフレーゲ以来の様々な批判に晒されるであろうことを認めざるをえない。しかし、吾々はいわゆる心理主義批判の名の下に行なわれてきた諸批判のすべてが正しいとも考えられない。例えば、算術の真理は人間を指示言及しないのであるから、人間の心的状態の記述によって算術の真理は確立され得ないという議論がある。(35)ところが、デカルトにおける心的状態すなわち想像力に助けられる知性の記述には、そうした心的状態によって表わされる事象すなわち延長する事物や数えられる事物が入ってこざるを得ない。デカルトも強調するように、数と数えられる事物、延長と延長する事物、一般に観念と観念によって表わされる事物は実在的には区別できないし、また区別してはならないのである。(36)よって、これらの事物の実在性をいかに解するかという問題は残しつつも、デカルトが言わんとすることは、事物そのもの、あるいは事象そのものの真理は常に心的状態を伴わざるをえないということであった。算術の真理も明らかに心的状態を伴わざるをえないし、心的状態に担われるのでなければ存立しえない。先の心理主義批判はこの余りにも自明な経験的事実をその真理観の内に包摂できないのである。

こうして吾々は、数学的真理の「客観性」とは何かという問題に触れることになるのであるが、それはまさに第五省察の幾何学の論証の懐疑においてデカルトが考察することになる問題である。(続)

註

デカルトのテキストからの引用は *Oeuvres de Descartes*, publiées par Ch. Adam et P. Tannery(以下 AT と略記)の巻数と頁付けによる。
主要テキストの略号は以下の通り。
Reg. *Regulae ad directionem ingenii.*
DM. *Discours de la méthode.*
Med. *Meditationes de prima philosophia.* 答弁は Resp. 反論は Obj.
PP. *Principia philosophiae.*

(1) Med. I, AT. VII. p. 20.

(2) ibid., p. 21.

(3) 「常に」とは semper であり、これは omnes vices と同義である。à*** août 1641, AT. III. p. 431.

(4) Med I, AT. VII. p. 21. ここから、欺く神による懐疑の解決は、グイエが考えたのとは違って、神の善性によるのではないことになる。H. Gouhier, *La pensée métaphysique de Descartes* (1962), pp. 250-264. よって、欺かない神と善なる神とは同じではない。また善性と誠実性は同義であるから(Resp. II. AT. VII. p. 143)、欺かない神と誠実な神は同じではない。

(5) 欺く神による懐疑は算術の真理の不動性や永遠性を問題にしているとするブレイエ以来の解釈も(i)以外のどれ

かの型に帰着する。E. Brehier, “La création des vérités éternelles dans la système de Descartes”, *Revue Philosophique*, 1937. なお、この解釈は第一省察の懐疑と第五省察の懐疑とを混同するところから生まれる。

（6） Resp. II, AT. VII. p. 141. cf. à Mersenne, 6 mai 1630, AT. I. p. 149.

（7） かかる立場の典型としては、W. Röd, “L'Argument du rêve dans la théorie cartésienne de l'expérience”, *Les Etudes philosophiques*, 1976 がある。

（8） cf. Med. Praefatio, AT. VII. p. 7.

（9） à Mersenne, 27 mai 1630, AT. I. p. 152. cf. à Mersenne, 27 mai 1638, AT. II. p. 138, à Mesland, 2 mai 1644, AT. IV pp. 118–119.

（10） この創造と去就を共にする真理の種類は変化している。概略のみを記すなら、一六三〇年には数学的自然法則、一六三八年以後は数学的公理、『省察』以後は善・法も含む真理一般である。

（11） à Arnauld, 29 juillet 1648, AT. V. p. 224.

（12） à Mersenne 6 mai 1630, AT. I. p. 149, à Mesland 2 mai 1644, AT. IV. p. 119.

（13） Obj. II, AT. VII. p. 125.

（14） Resp. II, AT. VII. p. 143.

（15） ibid., p. 145.

（16） いわゆる奇妙な算術は「首尾一貫して」遂行されるならば通常の算術体系内での「適当な」解釈によって理解可能となってしまう。cf. H.-N. Castaneda, “Arithmetic and Reality,” in P. Benacerraf and H. Putnam (eds.) *Philosophy of Mathematics*（1964）. つまり奇妙な算術は、ロックの言をかりれば、観念に対する名前の変更にすぎなくなる。Locke, *Essay* IV-4-IX. よって観念の真理性を問題にする上で奇妙な算術の想定は効果がないし、2＋3＝5の意味はその数式と数式の背景たる体系が、他の奇妙な諸数式と諸体系とは相異なることを認知した上で得られる意味ではないことになる。

（17） Med IV. AT. VII. p. 58.

（18）「2＋3＝5」は明晰判明な観念の記号になってしまう。

（19）cf. A. Gewirth, "The Cartesian Circle Reconsidered," *Journal of Philosophy*, 1970.

（20）「2＋3＝5」なる個別の真理は欺かぬ神との循環を成すのではなく、「明晰判明な知得」という記述の下でのみ循環をなす。cf. A. Kenny, "The Cartesian Circle and the Eternal Truths," *Journal of Philosophy*, 1970, "The Cartesian Spiral," *Revue International de Philosophie* 1983. デカルトが循環の批判に対して答えた一連のテキストを解釈する上で第一省察から第三省察への懐疑と第五省察の懐疑とを区別することは極めて重要である。cf. H. Gouhier, *op. cit.*, pp. 313-314.

（21）Med. III. AT. VII. p. 35.

（22）Med. V. AT. VII. p. 65 et p. 70.

（23）Med. III. AT. VII. pp. 44-45.

（24）à Clerselier, 23 avril 1649, AT. V. p. 355.

（25）Med. V. AT. VII. p. 63.

（26）Reg. VI. AT. X. p. 382.

（27）Reg. XII. AT. X. p. 419.

（28）Med. III. AT. VII. p. 36.

（29）ライプニッツは2＋2＝4の形式的証明を与えている。Leibniz, *Nouveaux Essais*, IV-7-X.

（30）ロックも「1＋2＝3」は公理より前に知られるのであり公理によって知られるのではないとする。ただしロックは、後には「真偽の規準として一般命題に頼る」ようになり、そこから「真理・明証を得ると考える」ようになるとも指摘している。Locke, *Essay*, IV-7-X, XI. 他方、公理が定式化されてしまえば、「1＋2＝3」の真理と明証を獲得するに到る経験的因果的過程が公理によって再解釈され、あたかも公理の暗黙の理解が先行するかのように見えてくる。こうして公理の諸体系が存在論上も知識論上も先なるものとして現出する。このとき吾々は回顧的錯覚の内にいる。この問題は明らかにデカルトの循環に関連する。とまれ、デカルトの主張は人間の認識のある相には妥当している。

（31） Reg. X. AT. X. p. 406, à Mersenne, 18 mars 1641, AT. IV. pp. 339–340, à Clerselier, juin-juillet 1646, AT. IV. p. 144.

（32） 序数主義に立つペアノの公理から出発するならば加法の交換法則は直ちには導けない。デカルトにとって加法は何よりも交換法則が成立する演算である。デカルトの数概念の詳しい説明は、Y. Belaval, *Leibniz critique de Descartes*（1960）pp. 216 sq.

（33） Reg. XIV. AT. X. p. 441 et pp. 451–452.

（34） Med. V. AT. VII. p. 63.

（35） cf. A. J. Ayer, *The Problem of Knowledge*（1956）, p. 22.

（36） Reg. XIV. AT. X. p. 445, PP. II–VIII, Med. Praefatio. AT. VII. p. 8.

デカルトにおける数学の懐疑（II）

三　第五省察における幾何学の懐疑

第五省察における懐疑は以下のように進められる。

「何かをきわめて明晰判明に知得している間は、それが真であると信ぜざるをえない本性を私はもっている。しかし何かを明晰に知得するために精神のまなざしを同じことに常に据えることができず、またしばしば以前に行われた判断の記憶が戻ってくるという本性も私はもっている。それ故に、何かをそのように判断したその諸根拠にもはや注意してはいない時に他の諸根拠が提示されて、そのために、神を私が識らないとすると、私は容易に意見を変更し、いかなることについても真で確実な知識をもたずに漠として変わりやすい意見のみをもつことにもなる。例えば、三角形の本性を考察している時には、私には幾何学の諸原理が染みこんでいるから、三つの角の和は二直角に等しいということがきわめて明証的に見えるし、その論証に注意している間は真であると信じざるをえない。しかし精神の眼を論証から背向けるとすぐに、その論証をきわめて明晰に知得したことを想起しようとも、神を私が識らないとすると、その論証が真であるかどうかを疑うことが容易に起こり得るのである。というのも、その後他の諸根拠に促されてそれは偽であると判断した多くのことを、しばしば真で確実と見做していたことを思い出すと、私は能う限り明証的に知得していると思っていることにおいても、時折は誤るように自然によって作られていることを納得するからである。[1]」

デカルトはこの懐疑の要点を、正しい論証と誤った論証とを明晰判明性という心的徴表によっては区別できないという事態が、明晰判明に知得されることのみが真であるという「真理の規則[2]」を脅かすところに置いていたように見える。だがその後デカルトは、誤った論証である「すべての四辺形は円に内接する。菱形は円に内接する。それ故に菱形は円に内接する」という論証が、過去の時点で心的に明晰判明に思われたとしても本当に明晰判明に知得されていたのではないと主張する。他方、「三角形の内角の和（以下三角和と略する）は二直角である」という正しい結論を導く正しい論証は本当に明晰判明であるから、これを偽とするような諸根拠は将来に亘って提示されることはあり得ないと主張する。[3] こうしたデカルトの主張は明らかに懐疑の要点を外れている。デカルトの懐疑はデカルトの真理の規則そのものを無効にする内実を含んでいるにもかかわらず、デカルトは当の真理の規則を再度声高に主張することで懐疑の解決としているにすぎないのである。こうした錯誤が生まれる所以は、デカルトが明晰判明に「思われる」ことと明晰判明「である」こととを区別する「論理的」規準を持たなかったことにのみあるのではなく、デカルトがその懐疑の射程を充全に捉えてはいなかったことにもある。[4] この点は、第五省察をめぐっての「循環」の批判に対する反批判の中でデカルト自身が半ば気付くことになるはずである。吾々は懐疑の射程を正しく測ることから始めなければならない。

第五省察の懐疑の解釈には、記憶説ならびに永続説と名付けることのできる二つの型がある。

ジルソンの記憶説によるならば、過去の時点で実際には論証を実行していなかったことを、現在の時点での記憶違いのためにそれを論証済みと思って真と見做すこともあり得るから、たとえ過去の時点で論証が実際に正しく遂行されていたとしても、現在の時点でその全論証過程がそのまま想起されていないのであれば、当の論証の結論を疑うこともあり得ることになる。だから過去の時点で論証を実際に遂行したという記憶が誤っていないかどうかがデカルトの中心問題であることになる。[5] ジルソンのあげる記憶違いの例はデカルトのテキストに適合しないが[6]、デカルトの懐疑では過去の全論証過程が想起されないままでその結論だけが想起されることが、他の諸根拠によって意見を転向することの不可欠の条件であることから見て、記憶の経験の介在が懐疑の成立の不可欠の条件であることを指摘する限りで記憶説は正当であろう[7]。

他方、永続説によるならば、デカルトはある数学的真理が永遠に真であり続けるか否かを疑っていることになる。例えば「菱形は円に内接する」は昨日は真であった（と見えた）が今日は偽であることがわかったように、「三角和は二直角である」が昨日真であった（と見えた）ことは、それが今日も明日も真であり続けることを保証しないのである。つまりデカルトの懐疑は「真である」を時間的述語として捉える見地を含んでいるのであり、この見地は、数学的真理を神の被造物と捉える永遠真理創造説の必然的帰結である[8]。この永続説は後に見るように永遠真理創造説の解釈と適用において正しくないと考えられるが、デカルトの懐疑がすぐれて永遠真理と時間との関係にかかわることを指摘する点で正当であろう。

第五省察の懐疑の解釈においては、これら記憶説と永続説の双方を生かすことが重要である[9]。その際「以前に行われた判断の記憶が戻ってくる」という経験や「論証をきわめて明晰に知得したことを想起する」という経験を適切に言い表わす文の形式を確定することが必須の前提となる。

さて、先の菱形に関する誤った論証が過去の時点では明晰判明に知得された（と思われた）と仮定しておく。このとき「以前に行われた判断の記憶」を表わす文が「以前「すべての四辺形は円に内接する。菱形は四辺形である。それ故に菱形は円に内接する」と判断したことを想起する」といった文に書き下せるとするならば、この文中の引用文は仮定より現在の時点でも明晰判明な知得を喚起すると考えざるをえない。よって記憶がある程度の強さと正しさを持ってしまうならば、一度明晰判明に知得された（と思われた）ことに関して意見を変更する可能性はないし、それ故に懐疑の生ずる余地もあり得ないことになる。

そこでデカルトはある程度の記憶の弱さ、すなわち「何かをそのように判断したその諸根拠にもはや注意してはいない」ことを懐疑の成立の上での不可欠の条件としてあげることになる。とすると「以前に行われた判断の記憶」を表わす文は「以前明晰な諸根拠から「菱形は円に内接する」と判断したことを想起する」といった文に書き下せることになろう。[10] このとき「明晰な諸根拠」の内容はそのまま想起されてはいないのだから、現在「他の諸根拠」からの論証が提示されるならば「菱形は円に内接しない」という意見へ変わることもあり得ることになるし、同様に「以前明晰な諸根拠から「三角和は二直角である」と判断したことを想起する」としても、現在あるいは将来に他の幾何学の諸根拠が提示されるならば三角和に関する意見を変更する可能性を想定せざるをえないのである。かくて当の結論は真にして確実な知識ではないとデカルトは論じていることになる。

しかし過去の時点で一度論証された結論は現在も将来も真にして確実な知識の一項目として登録されることは、デカルトといえども疑っているのではない。実際デカルトは菱形についての論証と三角和についての論証とが、同じく過去における論証の実行によってその真理性が保証されてしまう事態を設定しながらも、菱形についての論証は本当は正しい論証ではなかったとして、少なくとも三角和についての結論は過去における（正しい）論証によって保証されると主張しているのである。

だがこうしたデカルトの議論はデカルト自身の真理の規則そのものを無効とするものである。第一に、論証知一般の真理性の保証は諸根拠から結論へと到る推論の連鎖の個々の段階の明晰判明な知得によって果たされると言い得ても、[11] 今の場合は想起された結論部分は明晰判明な知得を喚起しないと想定されているのだから、この点ですでにデカルトの真理の規則は無効となっている。第二に、これが最も重要な点であるが、デカルトも結論の真理性の保証が過去の時点での明晰判明な知得の想起によって、すなわち論証済みという記憶によって果たされることを認めるのであれば、この規準はデカルトの真理の規則とは全く異質であることを認めざるをえないはずである。この点に関連してジルソンは以下のように述べていた。「明証性の知得はそれを準備する論証の知得と不可分である。もしわれわれが命題を用いるたびに当の命題の証明を再び始めなければならないとすると、思惟の仕事は無限になってしまう。だからわれわれはしばしばその仕事を無しで済ますのであり、用いられる命題は予め論証したが故に真であると断言することで満足するのである」[12]。もちろんデカルトもそれで満足したのであるが、問題はデカルトの真理の規則が決してそれを許さないことにあるし、「予め論証したが故に真である」とされる知識の体系たる学が、実はたんなる意見の集積であるとされざるをえないことにある。デカルトの真理論あるいは知識論は明らかに学の実状を救ってはいないのである[13]。

吾々は「以前に行われた判断の記憶」を表わす文が「以前明晰な諸根拠からPと判断したことを想起する」と書き下せるとしたが、その際には命題Pを表わす文の時制を不問に付しておいた。しかしこの文がすぐれて記憶の経験を表わすべきならば、Pを表わす文は過去時制でなければなるまい。吾々はこの観点からデカルトの懐疑を再検討していきたい。

記憶あるいは想起は伝統的に大きく二つに分類されてきたが、その分類は、「私はPを想起する」という文において、Pが知性的な事柄に関わるときはPは非時制文あるいは永遠文であり、Pが現実の事実に関わるときはPは時制文であるという見地、これが自明であると思われる限りにおいて通用してきたと言い得よう。こうして数学的命題を想起する経験と過去の事実を想起する経験とは本質的に相異なる経験として区別されてきたのであるが、吾々の見るところ、かかる区別を認めてしまうならば両者を他ならぬ想起の経験として括るものは見出し難くなってくる。むしろ数学的命題に関しては（個人的）想起や記憶の経験は存在しないと言うべきであろう。だが今はその点に触れずに、数学的な事柄の想起や記憶がまさに想起や記憶である限り、それは過去に関わらざるをえないことを強調していきたい。

通常、想起や記憶の内容は過去形で記述される。吾々は「昨日雨が降っていた」のを想起するのであって、

「昨日雨が降る（非時制）」ことあるいは「昨日の雨が降ること」を想起するのではない。他方、「「三角和が二直角である（非時制）」ことを想起する」という言い方は通用しているにしても、この「想起する」が「知っている」とは区別される意義を有するべきであるならば、引用文を時制文として解釈する方向をとるべきであろう。実際デカルトが第五省察の懐疑で設定していた想起とは、想像された三角形の具体的図形を眼前にして遂行されたところの、過去の一回的な論証行為の結果として、ある結論に到達したという出来事の想起であった。ところがこの想起は「「三角和は二直角である」を論証したことを想起する」という文で表わされるべきと考えられるかもしれない。しかしこの文は、「三角和は二直角である」が具体的論証行為の文脈から独立して真偽を決定されている文すなわち真理値不変の非時制文であるという見地を無批判に前提としている。今はこの見地が疑われているのである。実際「「雨が降る」ことを見たことを想起する」という文は明らかに奇妙であって、「雨が降ったのを見たことを想起する」[14]あるいは「雨が降ったのを想起する」と言われるごとく、「三角和は二直角であったと論証したことを想起する」あるいは「三角和は二直角であったのを想起する」と言われるべきなのである。表現を絞るならば「三角和は二直角であった」という過去時制文がデカルトの言う「以前に行われた判断の記憶」を表わすのに相応しい文である。[15]

かくて吾々はデカルトの懐疑の内実を以下のごとく解することができよう。過去の時点で雨が降っていたことを現在想起することは、現在雨が降っていることも現在それを知っていることも保証はしない。同様にして、過去の時点で三角和が二直角であったことを現在想起することは、現在および将来に亘って三角和が二直角であることも現在それを知っていることも保証しないのである。これはまさに数学的真理の永続性をデカルトは疑っていたと解釈する永続説が言わんとしていたことである。そしてかかる懐疑が生じえたのは、数学における文をも時制文と解さざるをえない想起や記憶の経験を介在させることによってであり、この側面において記憶説は正当なのである。

以上のデカルトの懐疑についての解釈が正しいとするならば、デカルトの懐疑は、過去の時点での論証の結果三角和が二直角となったことを想起することだけで、言いかえるなら過去の時点で論証済みであったことを想起することだけで、現在および将来に亘って三角和は二直角であることとそれを知っていることとを保証し、ひいては当の結論を永遠真理の一項目として想起することを怪しまないという数学をめぐる思考形態、これを正当化することによってのみ解決されるはずである。(16)

四 懐疑の解決——記憶と文字

吾々は第五省察結論部でのデカルトによる懐疑の解決は不十分であることを既に見てきたが、他にもデカルトのテキストには懐疑の解決に寄与すると解されてきた所説がある。一つは第五省察前半に見られるとされる数学的プラトニズムであり、他の一つは永遠真理創造説である。以下にそれらを検討していく。

「藻岩山に雪がある」は時制文と考えられる。藻岩山には雪がない場合もあるのだから藻岩山に雪があるという事態は偶然に一定の時間内で成立する事態であり、「藻岩山に雪がある」という文は常に真であるとも常に偽であるとも言えない、状況に応じて真理値の変わる時制文である。

さて、実際に藻岩山に雪があるのを見て、「藻岩山に雪がある」と発話したり考えたりする者は確かに当の事態を知っていると言われ得る。ところでその人がしばらく後に、もはや藻岩山を見ていないにもかかわらず、自分は今も藻岩山に雪があることを知っていると主張したとすると、その主張はいかなる条件の下で正当化されるかという問題が生ずるように見える。そしてこの条件は、その人が過去に藻岩山に雪があったことを想起することではなく、藻岩山や雪といった事物あるいはそれらが織りなす事態が永続的であることであると考えたくなる根強い傾向がある。そしてその条件が満たされるとき「藻岩山に雪がある」は非時制的永遠文となると考えられることになる。[17]

こうした思考形態を数学的事象に適用するならば、「三角和は二直角である」が永遠文たり得ているのは、三角形なる事物あるいは三角和が二直角であるという事態が永遠の本性を有するからであると考えられることになる。だからこそ先の文は、その発話や使用の脈絡、具体的には時間的に生起する論証行為の脈絡からは独立して真偽が決せられているのであって、少なくとも一度その真が発見されるならば、その後は論証済みの真理として想起されるだけで真理性が保証されることになるのである。[18]

かかる思考形態はたしかにデカルトの懐疑の一つの解決となり得るし、またデカルト自身がとった解決でもあると見做されてきたのであるが、[19] 吾々の見るところ事情はもっと微妙である。とくにデカルトが数学的プラトニズムを表明したとされる第五省察第五パラグラフは詳しい再検討を必要とする。

「私は私の内で、諸事物の無数の諸観念を見出すが、それらは（invenio apud me, innumeras ideas rerum, quae）私の外にはおそらくどこにも存在しないが、しかし無であるとは言われ得ない。そしてそれらは私によって任意に思惟されるが、私によって仮構されるのではなく、真にして不変の本性をもっている。私が三角形を想像する場合、おそらくそのような図形は私の思惟の外の世界のどこにも存在しないだろうし、かつて存在したこともないだろうが、不変にして永遠なる一定の本性・本質・形相があって、これは私によって仮構されたのではないし私の精神に依拠するのでもない。このことはそうした三角形について様々な特性が……論証され得ることからも明らかであり、私が三角形を想像した場合、以前はこれらの特性についていかなる意味でも思惟することがなかったにせよ、今はそれを否応なしに明晰に認知するのであり、よってそれは私によって仮構されたものではなかったのである。[20]」（強調は引用者による）

「不変」「永遠」なる用語についての先入見を除いてこのテキストを読むならば、デカルトが三角形に不変・永遠なる本性があると語るのは、三角形の特性を具体的に論証している時点において、当の論証の秩序がまさにそうであることの原因ないしは根拠を、当の秩序を認識している精神に求めることはできないと述べる限りにおいてである。そして三角形とその特性は精神の外では無であるのだから、時間的に生起する認識の脈絡を離れてもなお三角形は不変・永遠なる本性をもつという見地をデカルトが採っているとは決して言えないのである。

この点は引用文中の quae の先行詞が ideae であるのか res であるのかという読解上の問題とも深く関わっている。[21] 吾々の見るところ、先行詞はたんに res あるいはたんに ideae なのではなく、まさに ideae rerum として捉えられなければならない。というのも『省察』序言は観念なる語の両義性について次のように述べていたからである。[22] 観念は、一方では質料的に知性作用と解することができるし、他方では客観的に（objective）知性の作用によって表わされた事物とも解することができる。この事物は知性の外に存在するとは想定されてはいないが、この事物が「観念を介して客観的に知性の内にあるあり方はどれほど不完全ではあっても全くの無ではない」[23] とされる。つまり、知性作用によって表わされた事物は、本質的に時間的に生起する知性作用によって表わされる限りで存在するのであり、この知性作用が現実化していない時にその存在を云々することは無意味であるということである。またかかる事物が無ではないことが強調されるのは、それが知性作用が生起するその都度一定の本性を有することの原因あるいは根拠が、知性作用以外のところに求められるべきことをデカルトが洞察しているからである。とまれデカルト的観念の両義性の要が観念と事物の実在的区別を否定するところにあることから推すならば、三角形の不変・永遠なる本性とは、時間的に生起する思惟においてその都度同じ事柄が反復されるということの指摘を出ないのである。

そしてこのことはデカルト自身による「永遠」なる用語の使い方からも明らかである。デカルトの用いる「永遠」とは「常に同一」ということであり、[24] また「常に」とは「その都度（omnes vices）」ということであって、本来の意味での永遠からは区別されている。[25]

このようにデカルトは数学的プラトニズムに立つのではないし、それ故に数学的プラトニズムによって懐疑を解決するのでもない。デカルトが抱いている見解は切りつめて言うなら、一回目にそうであったことは、二回目も三回目もそうであろうという信念である。過去に論証済みであった結論は、現在再び論証を反復するならば同じ結論を得るであろうから真理として受容できるという信念である。この信念は決して誤った信念ではないが、それが正当化されなければ懐疑は解決されないはずである。

永続説によるならば、数学的真理は神によって創造ないしは制定されたが故に真であるとする永続真理創造説を採るとおのずと神による朝令暮改を想定せざるをえなくなる。そしてこの疑いを払拭するためには、一度創造した真理を将来に亘って不変に保つところの誠実で欺かぬ神の存在を証明する必要がある。この永続説を検討するために、デカルトが永遠真理創造説を表明した一六三〇年の書簡を見ていく。

「数学的真理は他のすべての被造物と同様に神によって制定され神に全く依存している。この真理が神から独立していると語ることは、神をジュピターやサテュルヌスのごとくに語って神をスティックスや運命に従わせることである。国王がその国に法を制定するごとく、自然の内に法を制定したのは神であることをためらわずに公言して下さい。さて、国王が十分な力を持っているならば国王はすべての臣民の心に法を記銘できるのと同様に、われわれの精神が法を考察するならば理解できない法は一つとして無いからには、法はわれわれの精神に本有的なのである。[26]」

このテキストを一面的に読むと、法が法たり得るのは主権者たる国王によって制定されることにのみその根拠があるとする法命令説[27]と類比的に数学的真理と神の関係が捉えられていると見える。とすると、国王が自由に法を改変できるのと類比的に神も自由に数学的真理を制定し直すことができると思われてくる。実際メルセンヌはかかる疑念を提出しており、それに対しデカルトは珍しく語調の弱い解答を与えている。すなわちメルセンヌの疑念については「神の意志が変わり得るのであれば肯定せねばならない。――しかし私はそれらの真理を永遠で不動なものとして理解する。――そして私は神についても同じだと判断する。――しかし神の意志は自由である。――そうだ。しかし神の力は理解し難い[28]」。ここでデカルトが決して認めたくないことは、神に朝令暮改があり得るという疑念である。言いかえればデカルトは、一度制定された法は主権たる神にとっても臣民たる私にとっても永遠不動なるものとして現出するという事実、これを決して手離したくないのである。デカルトが困惑しているのはこの事実がいかにしても彼の神の意志論あるいは主権論と調和しないことである。他方デカルトは法が臣民に対して自然かつ自明な法として、それ故に従われるべき法として理解されることが、法の永遠性・不動性に不可欠な条件であることに気付いており、この点で法命令説を超えてもいるのである。かくてデカルト永遠真理創造説の中心的関心は、ある実定法が臣民に対して自然かつ自明な従われるべき法として現出する事実の説明にこそあったと言える。実際、法を制定するものと法的人格を形成するものとが同じであるなら、法的人格が実定法を自然法と観ずる事実を説明できるのである[29]。

数学的真理に立ち帰ってみると、永遠真理創造説の中心的関心は、現在の時点において論証を遂行する人間精神に対して、当の論証の論理的連関が心的にも明晰判明に現出する事態の説明にあったと考えることができる。ここにおいて論証の論理的連関の形式たる秩序（ordo）の制定者と秩序を明晰判明な知得で受容する心的本性の創造者とが同一であれば、右の事態は説明されるとデカルトは考えたのである。

ここで重要なことは永遠真理創造説の射程は現実的に思惟が遂行されている時、いわばその都度の現在に限られていて、第五省察の懐疑とは明らかに位相を異にするということである。第五省察の懐疑は、過去の時点で臣民が法を法として認知したことが、現在あるいは将来その臣民が再び法を法として認知することを保証はしないという洞察に拠っている。過去における法の実定性あるいは法の既在性は現在および将来の法の正当性を保証し得ないのである。かくて永遠真理創造説は懐疑の解決に寄与し得ないのである。懐疑の解決は、過去において制定された法や論証された真理を永遠不動なるものとして措定してしまう臣民・主体の動機の解明に俟たねばならない。

数学においては、一度論証されたことは論証済みの真理としていわば登録され、その後は当の論証は再度繰り返される必要のない真理として、また誰にとっても何時でも妥当する公共的客観的真理として扱われることになる。デカルトの懐疑が関与していたのは、まさにかかる数学の余りに当然の事実であったし、この事実を弁明することがデカルトの狙いであった。しかしこの事実があるのは、ジルソンの考えたごとく、過去の全論証を反復することが煩雑であるからでもないし、人間が長い論証の鎖を一目で見渡す直観力を備えていないからでもない。他方デカルトの真理の規則もこの事実を弁明できない。というのも、デカルトの真理の規則は現前せる明晰判明な知得という、いわばその都度の現在に閉じこめられているから、過去の学問上の財産目録は、認識主体に現前せぬ限り無に等しいし、認識行為を現に遂行していない主体に対して潜勢的知識や習性的知識を帰すことはできないという帰結を生むからである。デカルトにおいては、ある結論は過去に論証済みであるが故に真である、という方式の理由付けがいかにしても正当化されないのである。

しかしデカルトといえども、過去の論証を現在繰り返すならば同一の結論を得るはずであるという信念を抱かざるをえない。すなわち論証済みの真理の反復可能性を信ぜざるをえない。「知性的なことに本来想起はない。それは初めて現われるときと同様に二度目もよく思惟される」[30]。ではデカルトが懐疑の中で想起していたのは何であったのだろうか。「知性的なことは、物体的でもある諸名辞に結びつけられるのが常でありわれわれは後者を想起するのである」[31]。更に「知性的記憶は個別的なものよりは普遍的なものに関わっているから、知性的記憶によって個々の行為は想起できないのである」[32]。つまり、明晰判明に知得したことの想起や具体的論証行為の想起はなんら真理の反復可能性を保証しないのであるし、その想起における記憶は、実はなんら知性的記憶ではないのである。デカルトが想起していたこと、あるいはむしろ想起すべきであったことは、過去の時点での具体的個別的行為を他ならぬ数学の論証として意義付けていたところの文字・記号なのである。吾々は数学に関わる者である限り、某年某月に三角和について習ったり考えたりした事実を想起するのではなく、当の習得や思考の形相たる「三角和は二直角である」という文字・記号列を想起するのである。記憶を精神の内への文字・記号の記銘に喩える伝統はこの限りで全く正しいのでもある。他方、「三角和は二直角である」を導く論証を記した文字・記号列が個人的には想起されていなくとも、当の論証の反復可能性が信じられるのは、過去の論証が誰かによってどこかに書き記されてあるからに他ならない。この限りで数学的真理を記憶する主体は個人ではなく文字・記号であると言うべきであり、だからこそ個人は過去の全論証を繰り返すことを免除されるのである[33]。更に付け加えるならば、個人的記憶の内にせよ書物の内にせよ、そこに書き記された文字・記号列はつねに現在時制で読み下されざるをえないからこそ、デカルトは真理がその都度現前する可能性を信じ得たのである。

数学的真理は何時でも誰によっても理解され得るという反復可能性と公共性を有するという信念は、まさに文字・記号に対する信憑として解明されなければならないし、かかる信憑によってこそ、懐疑を進めた個人は数学者へと仕立てられるのである。デカルトは第五省察の懐疑は「神を識らない」ことによって生起すると考えていたが、吾々の見るところそれは文字・記号の存在性格を認知しないことで生起していたのである。

註

デカルトのテキストからの引用は *Oeuvres de Descartes* publiées par Ch. Adam et P. Tannery（以下 AT と略記）の巻数と頁付けによる。また Meditationes de prima philosophia は、Med.（答弁は Resp.）と略記する。

（1） Med. V. AT. VII. pp. 69-70.

（2） ibid., p. 70.

（3） デカルトは幾何学の知識がマルコムの言う「強い意味の「知る」の用法」にあたるとして懐疑にけりをつけていることになる。N. Malcolm, *Knowledge and Certainty*（1975）, pp. 61-64 ただしマルコムによる「知る」の強い意味と弱い意味の区別は、たんなる意識態度の違いや直証知と論証知の伝統的区別に帰着している。

（4） デカルトは「他の諸根拠」で「意見」を変更することもまた数学の一項目たり得ることに想到していないために、懐疑の射程を見えにくくしている。

（5） E. Gilson, *Discours de la Méthode: Commentaire*（1925）, pp. 360-361.

（6） ジルソン説の詳細な批判は、P. Lachièze-Rey, "Reflexions sur le cercle cartésien," *Revue philosophique* 1937, M. J. Levett, "Note on the alleged cartesian circle," *Mind* 1937, H. Frankfurt, "Memory and the Cartesian Circle," *Philosophical Review* 1962.

（7） 論証知について記憶に責を負わせて懐疑を案出する様々な論法については、J. T. Saunders, "Skepticism and Memory," *Philosophical Review* 1963.

（8） E. Bréhier, "La création des vérités éternelles dans le système de Descartes," *Revue philosophique* 1937, J. Etchemendy, "The Cartesian Circle: Circulus ex tempore," *Studia Cartesiana*, 2, 1981.

（9） そのすぐれた試みとしては、C. Link, *Subjektivität und Wahrheit*（1978）, ss. 231-240.

（10） デカルトが念頭に置いていたのはかかる文形式であろう。à Regius, 24 mai 1640, AT. III. pp. 64-65, Resp. II. AT. VII p. 140.

（11） cf. Reg. VII. AT. X. pp. 388-390.

（12） E. Gilson, *op. cit.*, pp. 360-361, cf. B. Williams, *Descartes: The Project of Pure Enquiry*（1978）, p. 206.

（13） この点はスピノザ、ロックなどにあっても同様である。Spinoza, *Ethica* II. Prop. 40. Sch. 2, Locke, *Essay* 4-1-9.

（14） ここでいわゆる時制の一致・不一致をめぐる日本語と英語などとの違いが問題となるが、その点は議論の趣意に関係しないと考えられる。

(15) 「三角和が二直角である」の「である」は非時制的コプラであるという通念が正当化される論法の一つに、それを過去形にすると意味不明となるから云々という論法がある。R. M. Gale, "The Egocentric Particular and Token-Reflexive Analyses of Tense," *Philosophical Review*, 1964. しかし「三角和は二直角であった」は本論で示したように十分解釈可能である。他方、その文中の動詞が非時制としてしか考えられない文も多い。思いつくままにあげると「赤は色である」「独身者は結婚していない」「最小の素数は偶数である」「水はH_2Oなる分子組成を持つ」、さらには「犬も歩けば棒にあたる」などの諺や慣用句、また「注意一秒けが一生」"omnis homo mortalis" などの動詞を欠いた名詞文。

(16) ストローソンは論理学に現われる文の無時間性に疑いを表明したがその疑いはデカルトのごとく数学における文にまでは及ばなかった。P. F. Strawson, *Introduction to Logical Theory* (1960), pp. 150 sq.

(17) cf. J. Hintikka, *Knowledge and the Known* (1974), p. 60.

(18) かかる思考形態にひそむ概念上の混乱と難点とを指摘したものとしては、P. Carruthers, "Eternal thoughts," *Philosophical Quarterly*, 1984. とくに、永遠なる存在が、時間的に生起する認識行為に現出するというシェーマは無用の難題を背負いこむことになる。

(19) この解釈のきわめて洗練されたものとして R. W. Peltz, "The logic of the cogito," and "Indexical sentences and cartesian rationalism," *Philosophy and Phenomenological Research*, 1962 and 1966.

(20) Med. V. AT. VII. p. 64.

(21) アルキエは先行詞を res としてプラトニズム的解釈に傾いたと言える。F. Alquié, *Descartes Oeuvres philosophiques*, t. II. p. 470, n. 2. このアルキエの読解に対する詳細な批判は J. Pacho, *Ontologie und Erkenntnistheorie: Eine Erörterung ihres Verhaltnisses am Beispiel des Cartesianischen Systems* (1980), s. 165, Anm. 38.

(22) Med. Praefatio. AT. VII. p. 8.

(23) Med. III. AT. VII. p. 41.

(24) Resp. V. AT. VII. p. 380.

(25) à*** août 1641, AT. III. p. 431.

(26) à Mersenne, 15 avril 1630, AT. I. p. 145.

(27) 「正しいがゆえにそれは神の言葉であるというのではなく、それが神の言葉なるがゆえに正しい」という中世唯名論の世俗版たる法命令説を提起したのはホッブズであった。小池正行「法と国家の理論の近代的転換」(『現代法哲学』二、一九八三年)参照。

(28) à Mersenne, 15 avril 1630, AT. I. pp. 145-146.

(29) 本有説のかかる含意は違う文脈においてだが以下のものが示している。J. L. Mackie, *Problems from Locke* (1976), pp. 217-218.

(30) à*** août 1641, AT. III. p. 425.

(31) ibid.

(32) Entretiens avec Burman, AT. V. p. 150.

(33) プラトン『パイドロス』274C-275B参照。数学が個人的記憶の対象である限り数学は一つの秘法である。デカルトなどが数学を秘法から公共の知識へと転化させる過程は数学の記法の改革に支えられている。なお記憶術が記号法の発展で変質していく歴史については、F. A. Yates, *The Art of Memory* (1966), Chap. VII, X, XVII.

III

永遠真理創造説の論理と倫理

戦争のさなか、皇帝の戴冠式が五十日間にわたって演じられ、やがて冬が始まった――『方法叙説』の第二部はこのように書き出されている。

その冬デカルトは独りで〈炉部屋〉に閉じこもって思索をすすめ、〈驚くべき学問の基礎〉を発見する。数学的方法を諸学に適用するという〈普遍学〉の構想がこうして誕生することになる。デカルトはまた、ある夜に相継いでみた〈三つの夢〉の自己解釈を通して、普遍学の構想と伝統的な倫理や宗教との対立を引き受ける決意をなすことになる。

そして冬が明けきらぬうちにデカルトは旅に出て、九年もの歳月をそれに費やすのである。この間にデカルトが為していたことを二つに絞ることができる。第一に、自己の信念を根こそぎにするために、世界＝世間で演じられている悲喜劇の観客となって、それに距離をとることである。すなわち、政治的社会的演劇の役者たる限りにおいて自己に帰せられる信念や情念、これを虚構化するために、一切の演劇空間の外部に存在しようと意志することである。第二に、一切の学問――言語学・物語論・歴史学・修辞学・詩学・道徳・神学そして自然学を数学化して普遍学の内の諸科学に転化するという構想、これを実際に押し進めることである。デカルトは自然学を自然諸科学に転化することを自己の課題とした。そしてデカルト以降、道徳・神学は社会諸科学に転化したし、二十世紀にいたって、人文学は人文諸科学に転化したと言うことができよう。

九年間の旅を終えたデカルトは、初めての形而上学的〈省察〉を遂行するために、〈荒野と同じくらい孤独な都市に隠れ住む〉ことになる。デカルトの省察は、世界＝世間の外部に存在しようとする意志と世界＝世間の秩序を普遍学的に捉える知性との関係を主題としていたと考えることができる。そしてデカルトは意志と知性の関係について以下のような問いを立てていたと推察することができる。

①個体が戴冠式の音楽によって何らかの情念を喚起されたとする。この出来事を、運動学的概念によって知性が表象することはたやすい。同じくそれを神学的権力論的概念によって知性が表象することもたやすい。そして知性の表象は、個体が自己の情念に対して距離をとってこれを虚構化する効果を発揮することも認められてよい。その上でこう問うことができる。個体が戴冠式の世界そのものを否定しようと意志するとき、知性の表象が何の役に立つのかと。

②個体が他の個体を侮辱するか抱擁するとしよう。この関係を、力学的生理学的概念によって、さらには性的概念や法的概念によって知性が表象することはたやすい。とくにそれを権力関係（男性と女性・教育者と生徒・市民と裁判官・上司と部下）として表象することはたやすいから、個体が他の個体に向ける行為や情念は異化され虚構化されることにもなる。その上でこう問うことができる。個体が微視的権力関係を再生産することなく他の個体との間に架橋しようと意志するとき、個体と個体の関係をあくまで権力関係として表象することは善いことであるのかと。

③普遍学（mathesis universalis）は全称学である。それはあらゆる個体について妥当する知であろうとしている。自然科学はあらゆる原子について妥当し、さらには原子の偏差や渦動をも把捉しようとする。同じく人文社会科学はあらゆる個体を一律に把捉し、さらには個体の偏差や揺動をも折り込んだ上で秩序は安定するのだと宣するであろう。その上でこう問うことができる。個体が普遍的＝全称的な知＝権力に異を唱えようと意志するとき、

その個体の信念や情念をも知＝権力が仕切っているのと語る者は、倫理的には何をやっているのかと。

皇帝の戴冠式から十年余りのち、都市に隠れ住み始めて間もない一六三〇年にデカルトは〈永遠真理創造説〉を呈示することになる。そしてデカルトは右に掲げた問いに充全に答えるために、さらに十数年の歳月を費やすことになるのだ。

一　旧法と新法

一六三〇年の永遠真理創造説はきわめて高揚した情調を伴なっている。デカルトは堰を切ったかのように書きつけていく。

永遠真理は「神によって制定され神に全く依存している」……永遠真理が神から独立していると語ることは、神をジュピターやサテュルヌスのごとく死の定めや運命に服属させることにひとしいのだ。国王が王国の内に法を制定するごとく、自然界の内に法（則）を制定したのは神である。このことを「恐れることなく確信し、いたるところで公表してほしい(1)」。

神は国王であり、国王は神である。自然界は王国であり、王国は自然界である。永遠真理は制定法であり、制定法こそが永遠真理である。神は永遠真理を制定する力であり、国王は法を制定する権力である。——これは比喩ではない。紛れもない現実である。デカルトはこの現実に賭ける。一、時、的、にではあれ賭けてしまうのだ。このことを次の二つの所説から読みとることができる。

［a］　われわれが理解できることをすべて神は為しえると確言できる。
［b］　われわれが理解できないことを神は為しえないとは確言できない。(2)

この時点での〈理解できないこと〉の内実は次の引用文に示されている。

神が永遠真理を制定したなら、国王が法を変えるごとく神も永遠真理を変えうるのではないのか――然りと答えねばならない、神の意志が変わりうるなら――しかし私は真理を永遠不動と理解している――神についても同じだと判断しているのだ――だが神の意志は自由である――再び然りだ。しかし神の力は理解できない。(3)

神の意志は自由であるのに、一度制定した永遠真理に対して神の意志が変わらないこと、これが理解できないのである。では誰が理解できないのか。神あるいは国王の臣下である。臣下は法を永遠不動と理解しているから、神あるいは国王の意志が変わってそれが新法に取って代わられうること、これを臣下は理解できないのである。一言で言えば臣下は新法の可能性を理解できないのだ。

かくて［a］と［b］の含意も明らかとなる。［b］は、新法を神が制定しえないとは確言できないと言っていることになる。他方［a］は、誰かが理解できることをすべて神は為しえると確言できるとしていた。少なくともデカルトは新法を理解できているはずである。だから［a］は、新法を神が制定しえると確言できると言っていることになる。つまりデカルトは、永遠真理を制定する力あるいは法を制定する権力を援用することによって、旧法に取って代わる新法の可能性を証示することができると考えているのである。

いまや高揚した情調の原因も明らかである。デカルトは一六三〇年前後に自然学を公表する準備をしている。この自然学の法則は、旧自然学のそれに取って代わる新法に相当している。だからデカルトは、旧自然学の世界の内部では新法の可能性を理解できないからといって、それが絶対に不可能であると言うべきではないこと、これを旧自然学者に分からせておきたいのである。しかもデカルトは、旧自然学の世界を創造した力を援用すれば、新法の可能性を旧自然学者に説得できると信じているようにも見える。実際デカルトは自然学の公表以前に永遠真理創造説が「いたるところで」公表されることを強く願っていたのである。

（ここで永遠真理創造説の射程が数学や自然学に限られているのではないことを強調しておきたい。自然科学・社会科学・人文科学は同じ知の秩序を共有していると言うことができるし、デカルトをはじめとする十七世紀の哲学者たちはとりわけそのことに自覚的であった。ホッブズの自然学が政治学と共振し、スピノザの神学が国家論と共振し、ライプニッツの論理学が形而上学と共振しているように、デカルトの数学や自然学が形而上学や倫理学と共振していることも疑いない。だからデカルトが自然界の新法の可能性に賭けていたとき、デカルトが他の諸世界の新法の可能性にも賭けていなかったはずはないのである。そして実際、永遠真理創造説を徹底的に拒否したマールブランシュやライプニッツも、それに寛容であったスピノザも、永遠真理創造説の政治的倫理的含意をはっきりと見てとっていたのである。）

さて［a］と［b］の所説においてデカルトは二つの問題に出会っていると言うことができる。

①デカルトは［a］と［b］では一人称で書いている。だからデカルトもまた、ある王国の臣下であると言わざるをえない。そこで次のような批判ないしは揶揄を想定することができる。臣下は新法の可能性を理解できないとされるのにデカルトは新法の可能性そのものを論じている。この論議が形式的にも内容的にも旧法によって制約されているとすると、デカルトは旧王国の内部に囲われていることになるし、旧法自体が設けている諸可能性の一つを新法と誤認していることになる。他方その論議が別の法によって制約されているとすると、デカルトは別の王国の内部に囲われていることになるのだから、旧法に対して別の法を新法とは呼びえないはずであるし、別の法そのものに対する新法の可能性を理解できなくなるはずである。いずれにしてもデカルトは循環論法や無限後退に陥ることになるし、結局デカルトは無数の王国の外部にある特権的な神の視点に立って物を言っている

にすぎない。

デカルトはたしかにこうした問題に出会っているが、問題をこのように定式化してしまうことは何か品性を欠くと言っておきたい。

デカルトなら次のように応じたであろう。肝心なのは旧法を否定して新法の可能性を証示することだ。必要なことは後から付いてくる。自分が対峙しているのは高々有限個の旧世界にすぎない。それら旧世界が批判や否定を囲い切るほど深いとか、旧世界がその外部を覆い尽くすほど広いとかいう言い草は、知性が無限であって知性が意志を余す所なく仕切っていると想像する点で過っているのだ。

②デカルトはそれでも永遠真理創造説を「他人に説得できない」と感じてもいる。[4] つまり旧法を墨守する臣下に新法の可能性を説得できないと感じているのである。

ここでデカルトは二つの路線をとったように見える。第一に、『宇宙論』や『方法叙説』第五部に示されている路線である。[5] すなわち、旧法と新法とが相容れない共約不可能な諸法であるとすれば、旧世界に新法の可能性を説得する企て自体が無益であるし、むしろ旧世界の神に対向する新世界の神を定立した上で全く新たに始めた方がよいだろう。このとき必要なのは所説［a］のみであって、所説［b］は殊更に言われる必要はなくなる。実際『宇宙論』と『方法叙説』第五部は所説［b］を欠いているのである。第二はデカルトの懐疑論がとる路線である。懐疑論は旧法に取って代わる新法自体の可能性に関心があるのではなく、旧法を否定する新法の可能性に、更に言えば、旧法の否定の可能性に関心がある。この観点から見ると、後に示すように所説［a］と［b］には拭いがたい難点がある。よってデカルトの懐疑論はそれらをともに放棄することになるのである。

本稿は第二の路線をたどっていくことになるが、その前に王国の秩序と臣下とがいかなるものなのかを見定めておく必要がある。はじめに神学の王国の秩序が破綻する次第を再構成した上で、近代の王国の秩序を分析することにする。そして後者の秩序を批判し否定する永遠真理創造説の論理と倫理を解明していくことになる。

二　神学の王国の破綻

〈人間は理性的である〉は永遠真理の典型とみなされていた。何故か。〈人間は理性的である〉という一般命題は内包的に解釈されていたからである。この一般命題は次のこと、

人間たること＝人間であること＋理性的であること
人間の観念（本質）＝人間の概念＋理性の概念

これを表わしていると解釈されたのである。一般命題は何よりもまず、観念と諸概念との関係（それを〈人間＝人間＊理性〉と表記する）を表わすだけである。ここから重要な帰結が出てくることになる。

人間なる個体が一切実在しないとしても、すなわち人間の概念の外延が空であるとしても、一般命題〈人間は理性的である〉は真であり、その否定命題〈人間は理性的ではない〉は偽であることになる。時間性を付加して言い直せばこうなる。一般命題は人間が誕生する前にも真であったし、人間が死滅した後にも真であろうから、人間がこの世に一人もいないと（仮定）してもやはり真であることになる。一片の紙に書きつけられた文字列〈ニンゲンハリセイテキデアル〉は、これを永遠にかつ永続的に凝視する知性に対して、人間なる個体の生成消滅の運命と関わることなく真理を示しつづけるというのである。

法命題もこれと全く同じ意味で永遠真理であることを指摘しておかなければならない。

法命題〈国家の敵は処刑される〉・〈心神喪失者は免責される〉は、実定法の世界の内部に国家の敵なる個体や心神喪失者なる個体が何ら実在しないと（仮定）しても、実定法の世界の内部では真であり、その否定命題は偽

である。時間性を付加して言い直せばこうなる。実定法の世界が誕生する前にも、実定法の世界の起源と目される場（初源の立法者・神話の世界・道徳の世界・自然状態）において、法命題に対応する一般命題は真であったし、実定法の世界が将来いたり着くべき世界（英知的王国・目的の国）においてはすべての臣下が完全に服従しているとしても、法命題は欠くべからざる刑罰規定としてやはり真であろう。よって国家の敵なる個体や心神喪失者なる個体の有無に関わらず、法命題は真であるというのである。書かれた法であれ書かれざる法であれ、法命題は内包的に解釈されて観念と諸概念の関係を表わすだけであると解されていると、ひとまずは言うことができよう。

人間なる個体の創造者はとくに〈神〉と呼ばれていた。よって神学が一般命題の内包的解釈をとるならば、神学はいくつかの帰結を承認しなければならなくなる。

①人間が実在しなくとも〈人間は理性的である〉が真であるなら、人間なる個体の創造者たる神が実在しないと（仮定）してもそれは真であることになる。

同様に、国家の敵なる個体や心神喪失者なる個体を創造して誰がそれであるかを外延的に確定する原因、これが実在しないと（仮定）しても法命題は有意味であり真であることになる。

②永遠真理は神の知性に対して少なくとも理論的には先行していることになる。永遠真理に対して神の知性は観想的かつ受動的になる。神の知性の内容と神の自己知の内容とは、原理的には永遠真理の内容に尽きることになる。

法命題の真理性は、それをいかなる名で呼ぶにせよ法源と目される者の知性や自己知に先行している。国王が自己に聖性があると知るが故に〈国王は聖性を有する〉が真なのではなく、逆に〈国王は聖性を有する〉が王国内部の秩序の効果によって真理として流通するが故に国王は自己に聖性があると知る。また国民が自己が主権者であると知るが故に〈国民は主権者である〉が真となるのではない。そんなことは一度として起こらなかったし、決して起こらないだろう。全く逆に、〈国民は主権者である〉が真理として流布しているが故に、国民は自己が主権者であると知るのである。

③永遠真理は神の創造に対して理論的かつ時間的に先行しているから、それは神の創造と被造世界のア・プリオリな制約をなしている。とくに神が人間なる個体を創造するときには、人間の観念がア・プリオリな制約となるし、神は人間の観念を範型として人間なる個体を創造せざるをえない。とすると、一般命題〈人間は理性的である〉の（内包的）真理性は、神の創造を媒介として、普遍＝全称命題〈あらゆる人間は理性的である〉の（外延的）真理性に転化しているはずであるし、転化していなければならない。

しかし一体誰がそんなことを信ずるであろうか。

①と②とは一面の真実は含んでいると言えても、神学は③において明確に破綻している。③が想定している事態が成就しているなどとはとても思われないのだ。[6]

これはまさに危機である。いま国民なる個体を創造する者が、国民の観念を範型として国民を創造するとしよう（これは社会契約説や自己立法論の構図である）。このとき国民の観念は普遍化＝全称化されて、あらゆる国民について現に真となっているはずである。神学的創造論の構図をとるならば、〈あらゆる国民は権利をもつ・法の下に平等である〉が現に真となっているはずである。しかし一体誰がそんなことを信ずるであろうか。

だが神学の破綻を以上のごとく捉えるだけでは、その深度を測りそこねることになる。危機のありかは次の図式から読みとられるべきである（矢印は、〈創造〉を示している）。

神学の図式

〈人間＝人間＊理性〉→〈あらゆる人間は理性的である〉
〈人間＝人間＊非理性〉→〈いかなる人間も理性的ではない〉

ここで創造以後の二つの普遍＝全称命題はともに偽でありえるし、実際ともに偽であるとみなされるだろう。このことは二つのことを意味している。

第一に、神学が永遠真理を普遍化＝全称化（universalization）して、これを個体すべてについての真理に転化することに失敗したということである。神学は永遠真理の秩序の内に個体を把捉することに失敗したのである。第二に、創造以後の二つの普遍＝全称命題はともに偽であるから、それらをともに否定してもかまわない。よって創造以前の二つの一般命題をともに否定できると考える近世懐疑論が登場したこと、ここにこそ危機のありかが求められるべきである。この懐疑論は、〈人間は理性的である〉と〈人間は理性的ではない〉をともに否定し去るのであり、さらには〈国民は権利をもつ・法の下に平等である〉と〈国民は権利をもたない・法の下に平等ではない〉をともに真ならざる虚構と断じて、ともに拒絶するのである。懐疑論は、普遍化＝全称化の破綻を介して、一気に永遠真理＝法の秩序の否定にいたる威力を有しているのである。

神学がこうした危機に対処するさまざまな仕掛けを備えていることはたしかである。たとえば、本来の人間だけが理性的であって、人間ではあるが自然的欠陥をかかえる者が理性的ではないのは、神が世界全体の目的との関係で意図的にそうした人間を創造して配置したからであると論ずるのである。しかしこうした議論は神学に数々の紛糾をもちこんでしまう。この議論は、誰が自然的欠陥者であり誰が本来の人間であるかを神が知っているかのごとく想定している。つまり神が個体についての知あるいは単称命題の知をもっているかのごとく想定している。言いかえれば神を戸籍簿管理者のごとく想像しているのである。神学はさまざまな理由のために（たとえば〈神による人間の救済〉を考えよ)、神論をそこまで変質させることはできなかったし、数々の紛糾を調停することもできなかったのである。

ところが右のごとき神学の議論は、実質的には近世唯名論の議論と変わらないことが重要である。すなわちそれらは、一般命題〈人間は理性的である〉を特称命題〈ある人間は理性的である〉に転化するのである。かくて図式的には次のようになる。

唯名論の図式

〈人間＝人間＊理性〉→〈ある人間は理性的である〉

〈人間＝人間＊非理性〉→〈ある人間は理性的ではない〉

ここにおいて創造以後の二つの特称命題はともに真でありえるし、実際ともに真であるとみなされてしまうだろう。ここから唯名論は創造以前の二つの一般命題もともにそれなりに真であると結論するのである。つまり唯名論は国民の実在を自明の事実と承認した上で、〈国民は権利をもつ・法の下に平等である〉も〈国民は権利をもたない・法の下に平等ではない〉もともに事実から抽象された実証的真理として承認してしまうのである。唯名論はこのようにして、神学の破綻が招いた危機を覆い隠していると言うことができる。

永遠真理＝法の普遍化＝全称化の神学的方式は破綻した。しかし永遠真理＝法は依然として王国内部のすべての者に妥当するとみなされ続けている。とすると近代は全く別の方式を発明して現に作動させていると考えざるをえない。デカルトはこの事態の解明に乗り出すことになる。

三　近代の王国の秩序

1　神学がその出発点において神の知性を永遠真理に対し観想的としていること、同時に神の意志を考慮してはいないこと、これをデカルトは批判していく。

永遠真理は「神がそれを真あるいは可能と認識するが故に、真あるいは可能なのであって、あたかも神から独立して真であるがごとくに神によって真と認識されるのではない」。神学者が「自分の言葉の意味をよく分かっていたなら」そんなことは言えなかったはずであるし、神学者の言葉は神の冒瀆にひとしい。こう言わなければならない。「神において意志と認識は一つであり、神が何かを意志して認識するが故に、そのことは真なのである[7]」。そして「神はある真理が必然的であることを意志」しているのである[8]。

ここでの神の意志＝認識をいかに解釈すべきかについてはさまざまな選択肢があると思われる。たとえば神の意志＝認識を、製作知や実践知に比定して解釈する選択肢がある（それはある種の法実証主義に対応しよう）。しかしこの解釈は結局のところ、意志に対する知性の優位を含意すると思われるし、意志を知性の観念に適合した事態の製作ないしは創出の力能に還元してしまう。そしてデカルトが神の意志を、永遠真理＝法の製作ないしは創造とは切り離している点を考慮するなら、こうした解釈を基本的には採ることはできないと言わなければならない。

神の意志とは、永遠真理＝法に規範性ないしは必然性なる様相を付与する審級のことであると解釈されるべきである。〈何かを意志する〉とは〈何かをあるべきことと意志する〉ことであり、〈それを認識する〉とは〈あるべきことをそれとして認識する〉ことであり、〈そのことは真である〉とは〈あるべきことを表わす命題は真となる〉ことであると解釈されよう。

デカルトが神の意志を強調するのは、永遠真理＝法が初めから規範命題ないしは必然命題として与えられていることを強調するためである。実際〈人間は理性的である〉（の真理）を、〈人間は理性的であるべきである〉（の真理）以外の仕方で教えられた者がいるであろうか。〈人間は理性的であるべきである〉という規範を妥当せしめる審級が作動しなければ、〈人間は理性的である〉が真理として流通するはずもないし、それはたんなる文字列に転落してしまうはずである。

この事情を個体の側から捉え直してみる。

王国の中に入ろうとしている個体が、王国の門に張り出されている法文を読むとする。そこには〈臣下は服従する〉と書かれてある。個体が充分に訓育されているならば、たしかに個体はこの法命題が王国の内部では真であると認識するであろう。しかし、このとき個体は〈あらゆる臣下は服従する〉が王国の内部で現に真であると認識するのではないし、〈臣下＝臣下＊服従〉が現に心理法則となっていると認識するのでもない。個体が法命題を真と認識するときに承認していることは次のようなことであろう。

王国の法を制定した者は、〈あらゆる臣下は服従する〉ことが規範となりそれが必然的に遵守されている英知的王国、これを意志しているが故に、その英知的王国の秩序を記述している法を制定したのであり、そしてこのことによって法命題〈臣下は服従する〉は王国の内部では真理として通用しているのである。

このようなことを個体は承認するし、承認することを求められる。かくて王国に入らんとする個体に最初に負荷されるものは、定言命題としての永遠真理＝法なのではなく、様相命題としての永遠真理＝法なのである。個体は何よりもまず神の意志に遭遇させられてしまうのである。

また永遠真理＝法の規範性ないしは必然性を根拠づける理由が一切与えられていなくとも、個体が法命題の様相を承認しさえすれば、法命題が真となって現われることに留意したい。これを神の側から見ると、神の意志の発動に先行してこれを根拠づけるような善・真・正義の理由は一切ないということになる。[9] このいわゆる〈主意主義〉は、しばしばそう解釈されるほど異例ではないし「非合理」でもない。

たとえば法規範命題〈本校の生徒は制服を着るべきである〉・〈主婦は家事をするべきである〉を根拠づけると目される教育的社会的理由があるとする。そうした理由を示す命題は定言命題であるか(〈伝統的にかくかくしかじかである〉)、様相としては高々可能命題か許容命題にすぎない(〈風紀が乱れるかもしれない〉・〈家にいるのだから家事をしてもよい〉)。しかし定言命題と可能=許容命題をいくら連ねても、論理的にも倫理的にも、必然=規範命題を導出することはできない。理由は高々可能=許容命題〈本校の生徒は制服を着てもよい〉・〈主婦が家事をすることはありえる〉を根拠づけるだけであって、悪くすると同じ理由が〈本校の生徒は制服を着なくてもよい〉・〈主婦が家事をしないこともありえる〉をも根拠づけてしまうのである。要するに法規範命題に理由があっては困るから、理由は与えられないのである。学校の門を叩く個体も、家族制度に輿入れする個体もまず神の意志に遭遇させられるのである。

〈人間は理性的であるべきである〉にも〈臣下は服従するべきである〉にもそれを根拠づける理由はない。もちろん王国はそれを根拠づける理由があるかのように装っているし、その理由を探求する競争を組織してもいる。しかし後に述べるように、だからこそ理由は一切ないと断じておくべきであるし、理由の探求を放棄しておくべきである。

とまれ様相化された永遠真理=法を何らかの形で承認している個体は、すでに或る王国の門を叩いてしまっていることを銘記しておこう。

2

神学は、神が〈人間の観念〉を範型として人間なる個体を創造するという構図をとっていたために、永遠真理＝法の普遍化＝全称化において破綻した。これに対してデカルトは、神の知性の内に居を占めていた〈人間の観念〉を、個体の精神の内へと移動させる。神が創造するものは、人間なる個体ではなく、〈人間の観念〉を抱いた精神である。(10) この次第を見ていくことにしよう。

国王が充分に権力をもてば、国王は法をあらゆる臣下の心に刻みこむだろう。それと同じく神の法はすべてわれわれの精神に本有的である。(11)

法を精神に刻みこんで法を本有的にするとは、次のようなことである。

〈谷なき山〉も〈一と二の和が三ではない〉も私によっては概念化されえない。神はそのような精神を私に与えたのである。それらは私の概念においては矛盾を含んでいる。(12)

「国王が充分に権力をもてば」、王国の内部で生活をはじめた個体に、〈服従なき臣下〉を概念化できないような精神を与えることに成功する。国王はさまざまな制度や装置を駆使して、概念化不可能性を産出して維持するための多様な〈不可能性〉を創出する。王国内部では〈臣下は服従しない〉という条文を読むことはできないし、諸法をいかに法解釈しても法命題の否定を推論導出することはできないという「論理的」常識が通用している。また〈臣下が服従しない〉という事件は法的には生じえない。〈服従しない者〉は定義上〈非臣下〉であるし、〈非臣下〉の行動は定義上〈法に従った〉行為ではないからである。さらには、法命題〈臣下は服従する〉を法的かつ学的に批判する者も、目指すところは高々〈ある臣下は服従しない（ことが可能である）〉という唯名論的命題の論証であって、そうした論証は逆に〈服従なき臣下〉を概念化できない精神を前提することによって、この精神を賦活し存続させるのである。
これらの不可能性は精神の内にきわめて重要な回路を刻みこむことになる。

① 〈臣下＝臣下＊非服従〉＝不可能
② 〈臣下≠臣下＊服従〉＝不可能
③ 〈臣下＝臣下＊服従〉＝必然

精神の内にこの回路を刻みこまれた個体は、この回路を走ることによって、王国内部の精神となる。〈臣下の観念〉が本有的となった精神が創造されたのである。この回路は次のような効果を発揮する。精神にとっては、臣下の観念を臣下の概念と服従の概念との結合へと展開することは必然的となっている。よって精神が臣下たることを意欲して、臣下の観念を範型として自己を創作しようとするとき、精神は自己が（外延的に）臣下であることに加えて、自己が（内包的に）服従することが必要不可欠な規範であると考えることになる。さらには（この一歩は論理的には疑義があるが倫理的にはさもありなんとも言える一歩であるが）、精神は服従することを自己自身に課せられた義務とみなしてしまうのである。〈本来の臣下たるためには、服従しなければならない〉というわけである。

以上の議論は〈人間の観念〉についても容易に適用することができるであろう。そして次のごとき教訓を導くことができるはずである。

〈人間たるためには理性的でなければならない〉と語って自己と他者を強いる者は、精神に刻みこまれた回路を走っているにすぎない。たしかに個体そのものについて〈理性的であるべきだ〉と語るべき状況があるかもしれない。しかしそれは個体と個体とが取り結ぶ関係をめぐる義務ではありえても、およそ人間の義務などではない。一般に、個体は個体との関係においてのみ義務を負うのであって、個体は何者かとして、あるいは何者かであるが故に義務を負うわけではない。〈個体は何者かであるから個体は何かをすべきである〉といった形式の恫喝は、精神の回路を走っているだけであって、個体の心にとどく道徳性とは全く別の何かを語っているのである。そして〈人間の観念〉をめぐる回路を批判するために、〈本来＝自然の人間は非理性的である〉として別の回路を引こうとすることも、〈ある人間は非理性的であってもよい〉と唯名論的命題を証示しようとすることも無益であることも明らかである。批判は全く新たな形で呈示されるべきなのである。

3　永遠真理＝法を普遍化＝全称化して個体を把捉するためには、誰が把捉の対象であるかを外延的に確定する必要がある。誰が人間であり誰が臣下であるかを確定しなければ、誰に観念の秩序が負荷されているかを知りえないのである。

この点に関してデカルトは、永遠真理を制定して精神に刻みこむことと、事物の実在を創造することとを、神は同じ一つの働きによって一気に実現すると書いている。

いかなる原因によって神は永遠真理を制定したのか……神が全体的作動因としてあらゆる事物を創造したように、神は全体的作動因として制定した。……神は被造物の実在の創作者であるとともに、被造物の本質の創作者でもある。しかもこの本質は永遠真理以外の何ものでもない。……神において意志と認識と創造は同じ一つのことであり、一つが他に先行することは理論的にもない[13]。

いま仮りに全体的作動因の働きを捨象してみるならば、神の創造の諸段階を理論的に区別することができる。しかもデカルトはここで演劇（創作者と役者）や作品（作家と作中人物）をモデルとして、神の創造の諸段階を区別していると見ることができる。次のような対応関係を取り出すことができよう。

①永遠真理の制定→演劇台本の作成
②事物の創造→演者の創造
③永遠真理＝本質→演劇台本中の役の観念
④本質の創作→演者が役の観念の像となる
⑤実在の創作→役者が一人実在する

王国内部の個体はこれらの諸段階を次のごとく経験していることになる。

①個体は法規範が課されていることを知っているし、②自己が臣下の一員として外延的に王国内部に包摂されていることを知っている。そして、③個体は自己が臣下の観念によって表示されることを知っているし、臣下の観念をめぐる回路を刻みこまれた精神となっている。次にさまざまな動機や原因によって精神が臣下たることを意欲しはじめると、精神は臣下の観念に照らして自己と他者とを点検しはじめることになる。〈私は臣下として或る程度のことはやっている〉・〈お前は臣下であることに距離をとっているつもりでも、客観的には服従しているのだ〉・〈ルネは臣下なのに戴冠式に感動しなかった〉などと。このようにして、④精神は臣下の観念の像となり、他者をもその像とみなすことになる。そしてまさにこのとき、⑤臣下は一人誕生して実在しはじめるのである。

注意すべきことは、臣下として実在するためには、臣下の規範を完全に履行して臣下の観念を完全に再現する必要はないことである。精神は臣下として自己や他者や世界を思惟しさえすれば、一個の臣下として実在できるのであり、その限りでは王国の内部で無とされることはないのである。

こうして近代の王国はついに臣下を創作することに成功する。臣下とは誰かと言えば、臣下として思惟しつつ、臣下の規範を相互に強制し相互に承認し合う者が臣下なのである。そしてこの臣下なる者すべてについて、永遠真理＝法は普遍化＝全称化されることになる。近代は神学の方式に取って代わる新たな普遍化＝全称化の方式をこのように作動させているのである。

近代の方式

〈臣下＝臣下＊服従〉＝必然→〈あらゆる臣下は服従するべきである〉

近代の方式を神学の方式と比較するとき二つの特質を指摘することができる。

①神学の方式の普遍＝全称命題は事実によって偽であることを疑われてしまうが、近代の方式にはそういうことは起こらない。規範性は侵犯によって無とされることはないからである。しかし、近代の方式は規範の侵犯に対しては必ず何らかの制裁を用意しておかなければならない。非服従や非理性に対する制裁としては刑罰や差別などが用意されているし、親の育児規範の侵犯に対する制裁としては「子どもの歪み」などが用意されているし、男性や女性の規範の侵犯に対しても多様な制裁が用意されている。よって近代の方式は規範の侵犯とその制裁をめぐる制度や物語を欠くことはできないと言うことができる。

②神学の方式においては、〈非人間であっても理性的である者〉（神・天使）や〈非国民であっても権利をもつ者〉（自然権）を排除してはいないから、理性的な者や権利主体の外延はつねに確定しないことになる。これに対して近代の方式はその裏側に〈あらゆる非人間は（法的には）必然的に非理性的である〉や〈あらゆる非国民は（法的には）権利をもたないべきである〉を伴なっていると見ることができる。つまり近代の方式は、〈人間

だけが理性的である〉や〈国民だけが権利をもつ〉が法的には規範的かつ必然的であるとすることによって、観念の回路を強化するとともに普遍化＝全称化の領域を明確に確定しているのである。

では〈あらゆる臣下は服従するべきである〉の裏側には何があるだろうか。近代は服従（自然権の放棄と非理性の克服）の見返りとして権利・自由・保護を給付していると仮構することを想起しよう。そして〈非臣下は服従していない〉とみなすことが法的には必然的であるのだから次のようになる。

近代の方式の裏側

〈非臣下＝非臣下＊非服従〉＝必然→〈あらゆる非臣下は差別されるべきである〉

四　回収されることのない否定

デカルトは近代の王国の秩序に対峙している。そこでは普遍＝全称命題が様相命題となっているために、それの批判や否定は論理的にも倫理的にも込み入ってこざるをえない。たとえば〈あらゆる主婦は家事をするべきである〉を批判ないし否定する場合、〈べきである〉という様相の作用の仕方を少なくとも三つ区別することができるし、批判ないし否定の仕方も様相を考慮すると三つ区別することができるから、都合九つの批判ないし否定の選択肢があることになる。しかし注意すべきことは、それら九つの選択肢はすべて、法規範命題に対する否定を、法規範命題の内部に回収することによって生じていることである。言いかえれば、法規範命題が成立している家族制度の外部から発せられている否定を、家族制度の内部へと回収することによって、諸選択肢が拓かれているのである。外部からの否定を内部へと回収すること、ここに近代の王国の秩序の核心があると言うことができる。

では回収されることのない否定を確保するにはどうすればよいのであろうか。

さしあたり思いつく方策はこうである。〈あらゆる主婦は家事をするべきである〉という様相命題とそれに対する〈そんなことはあるべきではない〉といった様相化された否定とを分離して扱うことである。そして様相命題とそれに付加された様相とを、ある世界と別の世界との関係として扱うことである。この点で可能世界論は有望に見えるし、それはまたデカルトの永遠真理創造説のある局面についての解釈にも有効であろう。

以下では近代の王国（実定法の世界・家族制度・会社・性世界など）を法世界と呼びかえることにする。

さて可能世界論では命題の様相は大略次のように解明されている。

（i）□A（Aは必然的である・規範的である）が法世界Wの内部で真であるのは以下のときに限る。法世界Wから到達可能なすべての世界においてAが真であるとき。

（ii）◇A（Aは可能である・許容される）が法世界Wの内部で真であるのは以下のときに限る。法世界Wから到達可能な世界の少なくとも一つの世界においてAが真であるとき。

着目すべきは到達可能性なる概念である。これをこう解しておく。法世界Wから到達可能な世界とは、法世界Wの基本法を変えずにそれが許容し可能とする範囲内で、法世界Wの下位法を変更して得られる世界である。

このとき可能世界論がいくつもの循環論法を孕んでしまうことは明らかである。直ちに分かる循環は、（ii）が可能性を解明するために到達可能性を用いていることである。他方（i）においては、Aが法世界Wの基本法であるとき、ある種の循環が現われることになる。すなわちAが基本法のとき、Aが真ではないような世界には到達不可能であるのだから、到達可能な世界のすべてにおいてAが真であることは当然である。Aは自己の必然性と規範性を証示するために予め到達可能な世界と到達不可能な世界との境界を引いた上で、境界内部での真でもって必然性と規範性を自証するのである。この過程は〈$\neg\Diamond\bar{A}\rightarrow\neg\Diamond\neg A\rightarrow\Box A$〉であり、これは先に精神に刻みこまれた回路と同じである。

しかし、こうした循環は法世界の実態をあからさまにする点で貴重である。例として日本国憲法第十四条〈法の下の平等〉をとってみる。これは自然的能力による差別を禁じないで暗黙の内に許容しているから、〈自然的能力によって差別する〉世界へは到達可能である。しかし〈憲法第十四条そのものを読まず理解しないとしても差別されない〉世界へは到達不可能であろうし、この世界ではほぼ間違いなく憲法第十四条は真ではない。よって憲法第十四条の規範性とは、後者の世界でそれが真ではないとしてもいささかも揺らがない規範性であり、後者の世界へ到達する道を閉ざすことで成立する規範性なのである。(14)

デカルトは近代の法世界の秩序を否定するために一六三〇年には二つの論法を呈示している。それらを〈世が世なら論法〉および〈無くもがな論法〉と呼び、順次解明していくことにする。

① 〈世が世なら論法〉：これは［a］と［b］に示されている論法である。これを可能諸世界の関係として表現することを考える。

［a］において〈われわれが理解できること〉は文脈上旧法αに対する新法$\bar{\alpha}$である。そして〈神は為しえる〉と〈確言できる〉をともに可能性と解すると、［a］は次のように表現される。

［a’］　$\Diamond(\Diamond(\bar{\alpha}))\rightarrow\Diamond\Diamond\bar{\alpha}$

次に［b］において〈われわれが理解しえないこと〉は文脈上新法$\bar{\alpha}$である。そして〈神が為しえない〉と

〈確言できない〉をともに不可能性と解すると、［b］は次のように表現される。

［b'］　$\neg\Diamond(\neg\Diamond(\bar{\alpha}))\rightarrow\Box\Diamond\bar{\alpha}$

デカルトはこれら二つの定式が旧法世界W_1の内部で成立すると主張していることになる。［a'］は新法$\bar{\alpha}$がW_1の内部で可能であることは可能であることを、また［b'］は新法$\bar{\alpha}$がW_1の内部で可能であることが必然的であることを主張していると解することができる。しかしW_1の精神にとっては、$\bar{\alpha}$は端的に（概念的に）不可能であったし、しかもそのことが旧法αの必然性を支えていた（$\neg\Diamond\bar{\alpha}\rightarrow\neg\Diamond\neg\alpha\rightarrow\Box\alpha$）。とすると、［a'］と［b'］が$W_1$の内部で成立することなどおよそありえないように見える。

しかしここで［a］と［b］が神の力を援用していることを考慮する必要がある。

デカルトはこう論じている。法世界の創造者（神あるいは国王・主権者・歴史的伝統・社会契約・革命）は、他の意志を発動して他の法を制定する可能性がある（あった・あるだろう）から、この法世界においても他の法が可能であることは可能であるし必然的である。すなわち世が世なら他の法が可能であるのだから、それはこの世でも許容されうるし許容されるべきであると論じている。

そこで〈他の法$\bar{\alpha}$が規範となっている〉世界W_2を考えてみる。W_2の内部では$\Box\bar{\alpha}$と$\bar{\alpha}$とが成立している。また［a'］［b'］に対応して次の二つの定式も成立していなければならない。

［a''］　$\Diamond(\Diamond(\alpha))\rightarrow\Diamond\Diamond\alpha$

［b''］　$\neg\Diamond(\neg\Diamond(\alpha))\rightarrow\Box\Diamond\alpha$

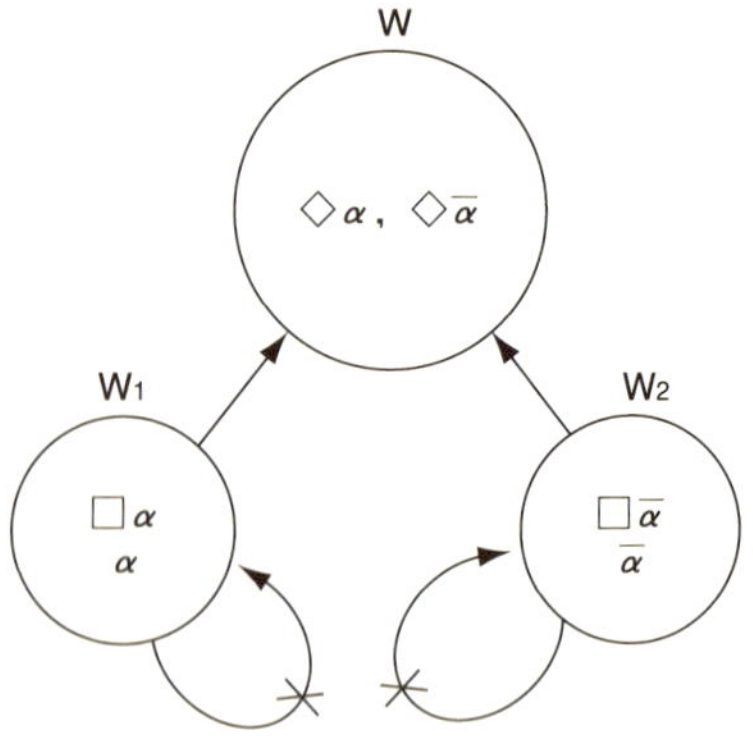

図1

しかしもちろんこれらがW_2の内部で成立するようには見えないのである。

問題はこうなる。W_1（$\Box\alpha$とαが成立）とW_2（$\Box\bar{\alpha}$と$\bar{\alpha}$が成立）との二つの可能世界だけを考えて、それら二つの間の到達可能性の関係に適切な条件を付加して、［a'］と［b'］および［a"］と［b"］がすべて成立するようなモデルをつくることができるであろうか。できないと思われる。できないということは、〈世が世なら論法〉が旧法世界W_1に取って代わる新法W_2を呈示するにとどまってはいないことを意味する。実際〈世が世なら論法〉は神の力を援用しているのだから、W_1とW_2とに加えて、神の世界Wをも定立していると考えなければならない。そしてWにおいては$\Diamond\alpha$と$\Diamond\bar{\alpha}$とがともに成立していると考えられる。このとき［a'］と［b'］および［a"］［b"］をすべて満たすモデルは**図1**のようになる。

W_1とW_2からはそれぞれWに到達可能である。W_1とW_2はしかし自分自身には到達不可能である。このときW_1とW_2では、$\Diamond\Diamond\alpha$、$\Box\Diamond\alpha$および$\Diamond\Diamond\bar{\alpha}$、$\Box\Diamond\bar{\alpha}$がすべて成立する。しかし$W_1$でも$W_2$でも$\Diamond\alpha$と$\Diamond\bar{\alpha}$とは成立しないのである。

このモデルをさまざまに評価できるが、いまはこれがW_1においてどういう効果を発揮するか、言いかえると、〈世が世なら論法〉は旧法世界にいかに受けとられるかに絞って考える。

デカルトが旧法〈あらゆる国家の敵は処刑されるべきである〉に対して、新法〈あらゆる国家の敵は処刑されないべきである〉を定立したいのだと仮定する。しかしW_1では旧法が成立していて、これと新法とは両立しえないように見える（この機制については今は措く）。

そこでデカルトは神の力を援用して、神の世界Wでは$\Diamond\bar{\alpha}$が成立しているから、それを許容しうるし許容すべきであるとW_1に要求していることになる。しかるにこの◇αは、近代の普遍化＝全称化の方式の下では、可能＝許容様相の特称命題〈ある国家の敵は処刑されなくてもよい〉を意味する効果を発揮してしまうのである。もちろんW_1はこの特称命題を承認することはできない。なぜならそれは、法規範の普遍性＝全称性に対する特例＝特称に相当するからである。法規範は原則的には特別扱いを承認することはない。この状況でデカルトは神の力を援用している。つまりデカルトは神の力を援用することによってW_1に対して特例＝特称＝特別の成立を要求しているのである。〈世が世なら論法〉はW_1に対して、〈超法規的措置〉・〈恩赦〉・〈温情〉あるいは〈奇跡〉の出現を要求しているのである。ここに旧法の否定は、特例＝特称＝特別の肯定に転化してしまっている。デカルトの懐疑論は唯名論に転化してしまっていると言うこともできよう。

〈世が世なら論法〉はどこかが間違っているのだ。二点だけ指摘しておこう。

（i）近代の法世界の精神は神の世界があることを知らないわけではない。むしろ近代の法世界は必ず神の世界を装備していると見るべきである。実定法の世界は必ず超法規的措置が生ずる世界を装備しているし、家族制度の世界は、たとえば〈ある主婦は家事をしなくてもよい〉や〈ある子どもは学ばなくてもよい〉などの特例を論ずる言説空間を装備している。こうした神の世界を別に装備することによって、近代の法世界の本体は鉄の物質的制度的必然性に支えられた法的規範性を無傷にしておくのだと言うことができる。この文脈で次のテキストは読まれるべきである。

私は永遠真理が神から、光が太陽から流出するごとく流出するとは概念化できない。しかし私は神がすべてのものの創作者であることを知っているし、……神が永遠真理の創作者であることを知っている。私はそのことを知っていると言うのであって、概念化できるとか理解できると言うのではない。……神は無限かつ全能であって、有限な精神は神を理解できないし概念化できない。……われわれは手で山に触れることはできるが山を

抱くことはできない……理解するとは思惟で抱くことであるし、ものを知るには思惟で触れることで足りるのである。(15)

法世界の有限な精神は、神の力の効果を理解できないし概念化できないが、神の力を知ってはいるし神の力に触れてもいる。そしてそのことによって〈神〉を法世界の創作者と思いなすのである。

この機制の下で〈世が世なら論法〉は、精神にとって理解不可能で概念化不可能なことを可能にする力を神に帰しているのであるから、それは、無限であるはずの神の力を、有限な精神が必ず触れている法制定権力や法修正権力ないしは唯名論的言説の空間へと変質させて制限していることになるのである。よってデカルトが〈世が世なら論法〉を放棄するとき、デカルトにとっては神は国王ではないし、国王は神ではない、ことになろう。

(ii)［a'］と［b'］はそれぞれ次のように論理的には等価な定式に変形することができる。

[a*] $\Diamond\Diamond\bar{\alpha}\rightarrow\neg\Box(\Box\alpha)$

[b*] $\Box\Diamond\bar{\alpha}\rightarrow\neg\Diamond(\Box\alpha)$

しかしこれらは論理的には等価とは言えない。変形後の定式は$\Box\alpha$に対してその外部から様相的否定をかけているが、［a'］と［b'］ではその否定が内部に回収されている。つまりデカルトは〈世が世なら論法〉をはじめから回収された否定の形式で呈示していたのである。

では［a*］と［b*］とにおける否定の外部性を保持したまま、可能諸世界の関係でそれを表現することができるであろうか。できないと言わざるをえない。たとえば［a*］をとってみる。いま〈否定が発せられている〉世界をNとする。Nにおいて$\neg\Box$（$\Box\alpha$）が成立するためには、Nから到達可能な世界の少なくとも一つの世界において$\Box\alpha$が真でなければよい。しかるに$\Box\alpha$が真ではないという否定は、$\Diamond\bar{\alpha}$の肯定に転化してしまう。言いかえれば$\Diamond\bar{\alpha}$をどこかの世界で論証するか期待しなければ、[a*]を可能諸世界の関係では表現できないのである。ここでも(i)と同様に、否定の外部性は回収されてしまうのである。

かくて近代の法世界の秩序に回収されることのない否定の外部性を保持するためには、否定が発せられる領野が、可能諸世界との一切の論理的倫理的関係から切断される必要がある。デカルトの新たな論法はまさにそれを狙っているのである。

② 〈無くもがな論法〉:これは一六三〇年のテキスト[c]と、さらに後年の一六三八年のテキスト[d]とに示されている。

[c] 神にとって〈中心から円周に引かれたあらゆる直線は等しい〉を真ではないようにすることは自由であった。神にとって世界を創造しないことが自由であったように。[16]

[d] 神が何も創造しなかった場合に、実在的空間があるかという問いについては……その場合には実在的空間はないであろうし、さらには、いわゆる永遠真理〈全体はその部分より大きい〉なども真理ではないであろう。[17]

神は数学的世界や物理的空間を創造するか創造しないかに関して自由であった。よってそれらは創造されないで実在しないことも可能であった。だからとくに、普遍化=全称化された数学的命題や全体と部分とに関する公準は真ではないことが可能である(あった・あろう)。

デカルトはこう主張していることになる。国家は誕生しないことが可能であったし、国家が死滅することも可

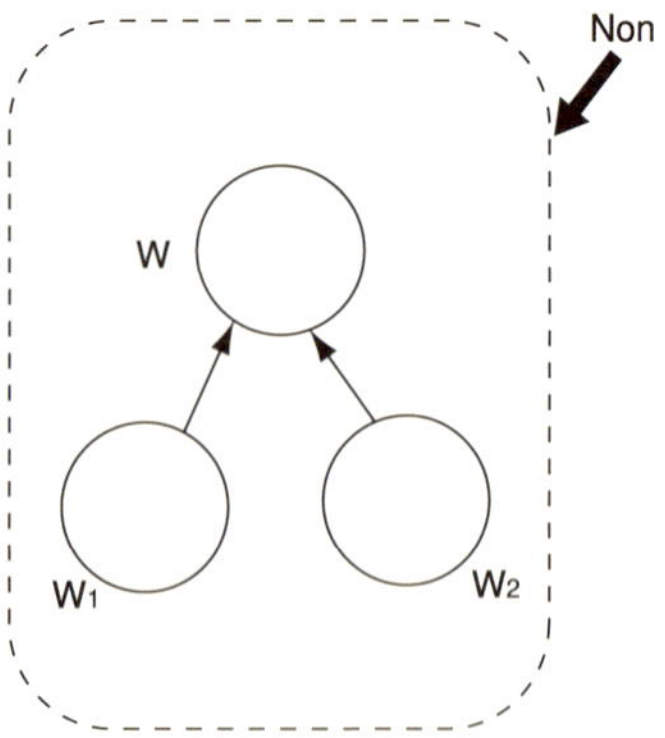

図2

能であろうから、普遍化＝全称化された法規範命題〈あらゆる国家の敵は処刑されるべきである〉や全体と部分に関する公準〈国家は個体を包摂する〉が真ではないことは可能であると。国家は無くてもよいから一切の法規範も真ではないことが可能であると論じているのである。

ここでデカルトは一般に〈法世界が実在しない〉領野を想定し、この領野から永遠真理＝法が真ではないという否定を発している。そしてこの領野は、法世界ないしは可能諸世界と何らかの到達可能な関係には立たないことを強調しておきたい。この領野は、社会状態・国家状態と関係を保つ自然状態ではないし、法世界の死滅の可能性を定式化した法が描写する世界（国家の死滅を予定した国家がいだく理念・哲学の死滅を哲学的に描写された世界）でもない。この領野から発せられる否定は、法世界全体を無化するとも考えられているはずであるから、右のように図示されるべきであろう（**図2**）。

この〈無くもがな論法〉は、回収されることのない否定を正確に言い表わしている。法世界が実在しないと仮定すると〈あらゆる臣下は服従するべきである〉を真ではないと否定することが可能である。ではこの否定は回収されて〈ある臣下は服従しなくてもよい〉の肯定に転ずるであろうか。いまはそうならないのだ。法世界が実在しなければ臣下なる者も一人も実在しないのであるから、その実在を前提とする特称命題は決して真とはならないのである。〈無くもがな論法〉が示す否定は、普遍＝全称命題の否定であるとともに特例＝特称命題の否定でもある。だからそれは、法制定権力や法修正権力と唯名論的言説空間の呼び水となることはない。

他方この論法はいわば自分にも跳ね返ってくることを覚悟しなければならない。法世界の実在の否定は、〈あらゆる非臣下は差別されるべきである〉の否定であるだけではなく、〈ある非臣下は差別されなくてもよい〉の否定でもある。

デカルトとともにこの帰結を敢然と引き受けるべきである。個体を普遍的＝全称的に把捉する知＝権力とこれに付属する特例的＝特称的世界とを否定したければ、その外見上の善し悪しにかかわらず、観念の内包的秩序で外延的に個体を把握しようとする一切の論理と倫理を拒絶するべきなのである。

ここで次のような批判を想定することができる。〈無くもがな論法〉は、〈法世界が実在していない〉領野の存在を仮定している。この領野の存在は証明されてはいないし、それはむしろ反事実的状況として想像されているだけである。仮りにその状況が成立するとすれば、臣下なる者と非臣下なる者についての実在仮定が捨象されることになるから、それらについての特称命題が真ではないのは自明である。他方、全称命題について言えば、それは実在仮定が捨象されても偽とされることはない。なぜなら全称命題は実質的には仮言命題〈もし個体が臣下（非臣下）であれば、それはすべて服従する（差別される）べきである〉に等価であるから、（非）臣下なる者が実在しないのであれば、現実によって反証されることはありえないからである。だから反事実的状況において（こそ）、全称命題は偽とされることはないし、よって真である。

全称命題についての批判は半ば正しい。（非）臣下なる者が実在しないとき、無い者について何を言おうが勝手であり同じことであるという意味で、全称命題はすべて同じ価値をもつことは確かである。だから全称命題はすべて偽ではないとも言えるし、デカルトのように真ではないとも言える。そして〈偽ではない〉を〈真〉と等置するのであれば、同様にして〈真ではない〉を〈偽〉と等置できるのである。そして仮言命題に付与された〈真〉は実質的には、観念と諸概念の関係を表わす限りでの内包的な〈真〉にすぎず、少なくともここでの議論の要点をはずしているのである。他方、特称命題についての批判は論理的には正しいとしても倫理的には過っている。いま争われていることは、（非）臣下なる者の実在仮定が捨象されたらどうなるかだけではない。その実在仮定が捨象されるべきか否かも争われているのである。実在仮定が満たされない領野の存在が証明可能で反事実的に可能か否かだけではなく、領野の存在が可能であるべきか否かも争われているのである。とすれば議論を論理的可能性の空間内に封印して事足れりとするわけにはいかないのである。〈無くもがな論法〉の成否は、〈法世界が実在していない〉領野の存在、法世界の外部の存在にかかっていると言ってよい。

デカルトは一六三〇年から一六三八年までは、この領野の存在を、神の創造以前の状況ないしは神による世界絶滅以後の状況として思い描いている。デカルトは、その領野の存在の可能性を時間的に表象しているのである。しかし、一六四一年の『省察』において、デカルトは全体的作動因による創造と時間性とを切断するとともに、神と個体の存在を時間的に表象することを放棄している。すなわち法世界の創造者（これをデカルトは〈欺く神〉と呼ぶ）による欺瞞的支配の秩序の外部に出て存在することは、過去や未来においてではなく、つねに、より正確には〈思惟するたびごと〉に可能なのである。

かくて法世界の外部に存在することが、何らかの思惟によってその都度確証されるとすれば、そのように思惟して存在する個体については、一切の全称命題や特称命題が真ではないことになる。近代の法世界は、すべての個体を把捉しつくしたとたんに、思惟して存在する個体によってその実在そのものを危くされるはずである。

五　神の Indifferentia

デカルトにとっての課題は二つあると言ってよい。一つは、臣下でも非臣下でもない個体が存在する領野を開示することであり、もう一つは、その個体を（非）臣下の観念では表示できないこと、言いかえると、観念の展開である永遠真理＝法がその領野では真ではないことを証示することである。デカルトは一六四四年に二つの課題を一挙に果たすことになる。デカルトは法世界の秩序に回収されることのない領野を開示し、これを〈神の indifferentia〉と呼ぶのである。

神にとって〈三角形の三つの角が二直角に等しい〉とか、一般に〈矛盾対当は両立しえない〉を真ではないようにすることは自由であり indifferent である。……神は〈矛盾対当は両立しえない〉が真であると為すようには決定されえなかった。それ故に神はその反対を為しえたのである。(18)

順を追って考察しよう（以下では〈三角形の三つの角〉の和を〈三角和〉と略す）。考察の焦点は〈真ではない〉という否定がいかにまたどこから発せられているかにある。

ある数学的世界の内部では、〈三角和は二直角である〉と〈三角和は二直角ではない〉とは、矛盾対当として、すなわちともに真でもともに偽でもありえぬ・両立しえない・二つの一般命題として現われる。そして、この数学的世界の精神はそれを承認するように決定されている。なぜなら、それらはそれぞれ、

〈三角和＝三角和＊二直角〉

〈三角和＝三角和＊非二直角〉

を表わしていると解され、しかも三角和の観念は二直角の概念を含むか含まないかのいずれかに決まると見えるからである。

デカルトは〈矛盾対当は両立しえない〉が真ではない可能性を論じているが、この否定の仕方について二つの

場合を区別することができる。

①否定が数学的に発せられている場合：デカルトが何らかの数学的理由を根拠として否定を発している場合である。

このときデカルトが〈三角和〉を特定の量の名前と考えて否定を発しているなら、その否定は実際には〈三角和はθ度である〉にひとしい。これは、〈三角和は二直角である〉とは矛盾対当ではなく反対対当（ともに真ではありえぬがともに偽でありえる）である。よって二つの一般命題は、ともに偽でありえる命題として両立しえることになるし、その限りでデカルトは〈矛盾対当は両立しえない〉を真ではないようにしている。

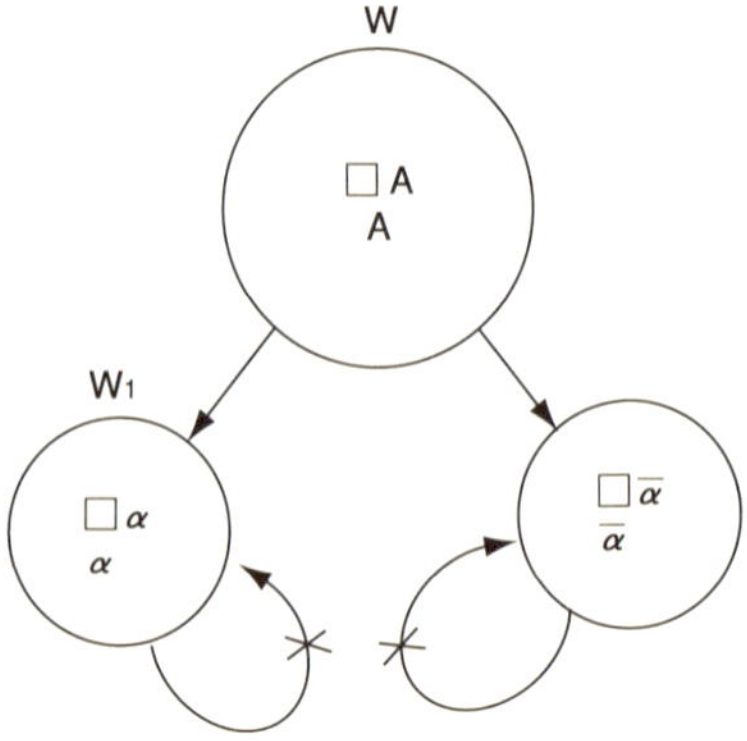

図3

ではこの数学的否定はどこから発せられているのであろうか。図3における数学的世界Wからである。Wでは、擬似矛盾対当αと$\bar{\alpha}$とが、小反対対当◇αと◇$\bar{\alpha}$（ともに偽ではありえぬがともに真でありえる）に転化していて、それらはともに真でありえる命題として両立しえることになるし、その限りで再びデカルトは〈矛盾対当は両立しえない〉を真ではないようにしている。逆に言えばデカルトがWに位置するのでなければ、否定命題$\bar{\alpha}$を肯定命題〈三角和はθ度である〉に転化することもできなかったはずである。

ではWの基本法は何であろうか。明らかに〈三角和は量的な何かである〉に他ならない。Wでは三角和の観念は量的実在性だけを含んでいて、三角和の概念は数学的諸関係の結節点たる不特定の量を表示している。このWからはW_1とW_2に到達可能であるし、後者の世界では矛盾対当と見えるものを両立可能とすることができるのである。

神は以上のような数学的営為をもちろん自由に為すことはできる。実際、Wは一六三〇年には神の世界なのであった。

しかし一六四四年の強調点は、神がそうした数学的営為に対して indifférent（無関係・無差別・無関心・非決定）であることに置かれている。神が数学的営為をなすかなさぬかについて indifférent であるとは、神が数学的営為の主体（sujet）ではないということである。神は数学的世界の臣下（sujet）ではないのである。よって、神の indifferentia から発せられる否定は決して数学的否定ではない。

②否定が非数学的に発せられている場合：このとき〈「三角和は二直角である」は真ではない〉という否定は、一般命題の内に回収されて〈三角和は二直角ではない〉と表現されるべきではない。その否定は〈三角和は何ものでもない〉と表現されるべきである。否定は、三角形の観念が一切の実在性を喪失して、〈三角和〉がたんなる文字列〈サンカクワ〉に転化している領野から発せられているからである。

この領野には文字列〈サンカクワ〉を凝視する数学的知性は存在していないし、この領野では文字列〈サンカクワ〉が文字列〈ニチョッカク〉を含むか否かという問いそのものが成り立たない。たしかに〈矛盾対当は両立しえない〉は真ではなくなっているのである。

こうして一六四四年の永遠真理説（〈何でもない論法〉と呼べよう）の論理的含意を引き出すことができる。

①' 否定が法的に発せられる場合：ある法世界の内部では〈臣下は服従する〉と〈臣下は服従しない〉とは矛盾対当に見える。しかし、近代は必ず別の法世界Wを用意していて、それらが両立可能となるように仕組んでいる。法世界Wは、非服従の概念を他の法的概念（訴訟・市民的不服従・抵抗権・亡命）で置き換えて、〈臣下は服従する〉とその否定とを、ともに真でありえる小反対対当に転化する。同様にして法世界Wは、非理性の概念を他の概念（心神喪失・欠如・異者・異文化）で置きかえて、〈人間は理性的である〉の否定を或る言説空間へと回収して、否定の威力を緩和する。こうして近代は、臣下の観念や人間の観念の実在性と実効性を保持して、法世界全

体を存続させるのである。

神はこうした法的営為の主体ではないし法世界の臣下でもない。神の indifferentia から発せられる否定は決して法的否定ではない。

(2') 否定が非法的に発せられる場合：否定は〈臣下（人間）は何ものでもない〉と表現されなければならない。否定は、臣下（人間）の観念が一切の実在性を剝奪されて、いささかも倫理的実効性をもたない領野から発せられている。この領野には〈シンカハフクジュウスル〉や〈ニンゲンハリセイテキデアル〉に拘泥する知性は存在してはいないのである。

神の indifferentia が指し示す倫理を『ビュルマンとの対話』から聴きとることができる。

ビュルマンはデカルトにこう質している。神の裁きが永遠の昔に下されていたとしてもそれはまだ執行されてはいないのだから、それを変更可能な裁きとして概念化できるはずである。神自体と神の裁きとを区別できるし、デカルトの言うように神がその裁きに対して indifferens であるなら、神が他の裁きをなすと概念化できるはずではないのか。デカルトの解答はこうである。神の裁きは変更できないし神自体とも区別できない。倫理や宗教において神の裁きを祈りによって変更できるという信念が広まっている。今までいろいろな宗派を調べて考えてきたが、その信念は過っているのだ。「私が神から何かを得たいのであれば、私は祈りかつ善く生きなければならない[19]」。

ビュルマンの意見はいつでも「正論」に見えるものだ。法世界にまきこまれている個体は、法世界に対して indifferentia を決めこむわけにもいかず他の裁きを祈らざるをえない場合はたしかにある。ビュルマンはその場合に、予定説を緩和する神学や最後に国王が登場して大団円をむかえる古典主義演劇のように、他の裁きを祈るべきであると言うのである。そうした「正論」は、神＝国王があらゆる個体を個体として登録し知ろしめすことを祈っている点で、まさに近代的な信念であると言うことができよう。

しかしそうした祈りは悲しむべき・厭うべき祈りであって、およそ誉むべき祈りではない。デカルトは神の indifferentia から発する否定が、他の裁きとして降臨することを祈ってはならないと言っている。デカルトはその否定が法世界そのものを無化することを祈っているのだと言うことができよう。これに賭けることのない倫理や宗教はたんなる〈概念の労苦〉にすぎないのだ。

六　世を知（領）らぬ希望

デカルトが個体の indifferentia について書いていることを次のように敷衍することができる[20]。

個体は法世界内部の精神として実在している限りは「明晰に認識されている善」や「明白な真理」の反対へと動いていくことはほとんど不可能である。しかし個体には indifferentia と呼ばれる能力すなわち「二つの反対項のどちらへも自らを決定する能力」があるし、二つの反対項のどちらをも差し控える能力がある。法世界内部の「善」・「真理」・「他人の命令」とそれらの反対項とに対して、法世界の外部から indifferentia を証示することが善であると思惟する限りにおいて、個体はそれらをともに否定することができるのである。

〈indifferentia を証示することの善さ〉、この思想は深くて重い[21]。エリザベートとの往復書簡が集中する時期でもある一六四四年から一六四五年にかけてデカルトは何か決定的な洞察を手に入れたように見える。

まずindifferentiaが〈能力〉と言われていることに驚く必要がある。これは〈服従するべき〉ときに〈服従しない〉能力ではないし、〈理性的であるべき〉ときに〈非理性的である〉能力ではない。indifferentiaとは〈服従するべき〉ときに〈服従する〉のでもなく〈服従しない〉のでもなく、〈理性的であるべき〉ときに〈理性的〉でもなく〈非理性的〉でもないことである。しかもindifferentiaは積極的能力であるからには、それは何らかの形をとった行為・思惟・感情に結実するはずなのである。そしてindifferentiaを証示することの善さが思惟されているのでなければ、indifferentiaの能力は結実することはないとデカルトは言うのである。一体これはいかなることなのであろうか。

いま王国の門を叩く以前の個体について考えてみよう。王国の秩序に対して端的にindifferensである時期や場面を必ず個体はもっているはずである。そのとき個体は何を為すべきであるかと問いを立ててみる。この問いに対して近代の知識人はこう答えてきた。「何よりもまずindifferentiaを放棄して、王国の秩序をよく知るようにつとめるべきである。王国の秩序がこれほど実効的に存続してきた秘密を知るためにも、王国の知＝権力の仕掛けを充分に知らなければならない。そして知を研ぎすますことによって、知＝権力の逆説性や綻びを明るみに出して、内在的な批判を目指すべきである」。こうした解答は明らかに欺瞞的なのだ。王国の秩序を知ることは、擬似的にではあれ臣下として実在することである。この臣下が内在的に発する批判は必ず王国の秩序に回収されるし、この臣下は高々法世界Wにおいてたゆとうだけなのだ。だから再びindifferensである個体は何を為すべきかと問い直さなければならない。デカルトはこう答えている。indifferentiaを証示することの善さを思惟せよ。そのときindifferentiaの能力は何らかの形をとって結実すると。依然としてこの思想は深くて重い。

デカルトは一六四四年以降、法世界全体に背を向けることと善く生きることが共振し、それが法世界全体を無化する威力を発揮すること、これに賭けはじめたのである。デカルトは法世界の外部におけるindifferentiaの善に賭けることが、法世界をついには無化することを祈りはじめたのである。

こうしたデカルトの構えは必らずやビュルマンのような人物を苛立たせるであろう。かつて一級の知識人であった者が晩年にいたって宗教にも似た祈りを唱えはじめることはよくあることだし、後続の者がそうした祈りに対する批判を高く売りつけることもよくあることである。しかしこの循環は断たれるべきであるし逆転されるべきではないのか。

〈indifferentia を証示すること〉、ここではこの点に絞って論じておく。また一般命題の述語面ではなく主語面に限って論ずることにする。それだけでも充分に一定の方向を示唆することはできよう。

個体の indifferentia を証示することは、個体が臣下でも非臣下でもない領野の存在を証明することであった。一般的に言えば、個体aがMでも$\overline{M}$でもないことを証示すること、すなわち単称命題の選言 $Ma \vee \overline{M}a$ を否定することである。

はじめに法世界では何故 $Ma \vee \overline{M}a$ が成立するように見えるのかを検討しなければならない。

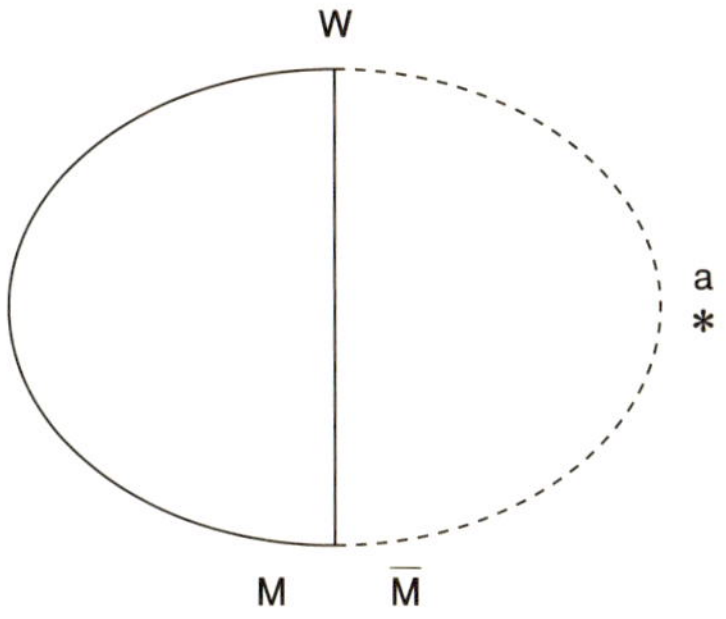

図 4

法世界Wは外延的には**図4**のようになっているとする。ここでは概念$\overline{M}$の外延が周延していない（破線の表示）ために、法世界Wの外部でMでも$\overline{M}$でもない個体aを概念$\overline{M}$の外延に包摂してしまうのである。とくに法世界Wは、その内部で$\overline{M}$である者と、その外部でMではない個体とを区別しないし区別できない。たとえば法廷はその内部で〈心神喪失者ではない者〉と、その外部で〈心神喪失者〉ではない個体とを区別せずに絶えず混同させる。それに応じて法世界Wの臣下は、両者をともに〈合理的主体〉として表示するのである。また法世界Wは、そこから降りてMでも$\overline{M}$でもない個体を別の概念で表示し直して回収する。たとえば家族制度は外部の個体を〈単身者〉・〈未亡人〉・

〈DINK〉と表示して、否定的無を欠如に転化して回収するのである。

こうして法世界は、Mの外延と$\bar{M}$の外延とがあらゆる個体を包摂していると仮構する。そして法世界はあらゆる個体について永遠真理＝法を普遍化＝全称化できていると装うのである。

しかしあらゆる個体とはいかなることか。法世界は普遍化＝全称化の対象となる個体として、いかなる個体（の名前）をとるかという難題に出会うし出会わなければならない。

法世界は「ペガサス」をとるわけにはいかない。〈ペガサスが人を殺した〉には真理値がないと認めざるをえないからである。そこで法世界は、指示対象を欠いた名前は擬似名前であって、それを普遍＝全称命題の名宛人とは認められないという一応の原則を立てることになる。

では指示対象を欠いていない「タマ」はどうするのか。法世界は、普遍＝全称命題の前件〈タマは臣下（非臣下）である〉が偽であっても、後件の真偽にかかわらず普遍＝全称（仮言）命題は全体として真であるから問題はないとするかもしれない。その限りでは〈タマ〉も名宛人であって、右の一応の原則を曲げる必要はないとするのである。

では法世界は「タマ」と「李」をいかに区別するのか。法世界は〈李〉について前件〈それは非臣下である〉が真であることを知らなければ、決して区別できないはずである。法世界は、普遍＝全称（仮言）命題の真理条件を知る限りで、あらゆる個体を名宛人としているなどと言い抜けることはできないのだ。よって法世界は、指示対象を欠いてはいない名前を主語とする単称命題はすべて真理値が確定していると前提しているはずなのである。

① ペガサスは臣下である（真でも偽でもない）

② ペガサスは非臣下である（真でも偽でもない）

③タマは臣下である（偽）
④タマは非臣下である（真または偽）
⑤李は臣下である（偽）
⑥李は非臣下である（真）

ここで問題は④の処理である。④を真とすると、④と⑥とを区別できなくなる。法世界がそれらを区別しないのであれば、〈動物裁判〉などを制度化する必要がある。しかし法世界がそうした断固とした一貫性を欠いているとすると、法世界は、内部で非臣下である者と外部で非臣下である者とを区別していることになる。すなわち法世界は、その内部と外部の間に境界があることを認める破目になる。他方、④を偽とすると、「タマ」が指示対象を欠いてはいない名前であるのに、$Ma \vee \overline{Ma}$ が成立しないことになる。このとき法世界は〈李〉について $Ma \vee \overline{Ma}$ を維持するために、内部と外部の境界を承認して、「タマ」は外部の個体を指示し、「李」は内部の個体を指示すると言い抜けるかもしれない。このとき「タマ」は実質的に「ペガサス」と同じとなっているし、さらには「李」もまた外部の個体を指示している可能性を法世界は理論的には否定できないのである。こうしていずれ「李」は「タマ」や「ペガサス」と同じになるだろうし、さらには「椙山」も同じ経緯をたどるであろう。そして法世界は一切の名前が内部では誰も指示してはいないことを思い知らされるのだ。

　以上の議論は法世界の内部と外部との存在論的差異を前提としているとも言える。この前提の下で、法世界の普遍性＝全称性を真に受けると、この議論は法世界に対して〈指示対象を欠いてはいない真の名前を量化の領域に算入してはならない〉という論理的には途方もない要求をしているようにみえる。他方、法世界の内部と外部との存在論的差異を捨象して、法世界の量化の領域が全宇宙であるとすると、右の議論は、〈指示対象を欠いた名前を認めよ〉というこれまた論理的には途方もない要求をしているようにみえる。

だが倫理的には決着がついている。これらの要求はともに認められるべきなのである。法世界は「ノリエガ」や「ラシュディ」が指示対象を外部では欠かないが内部では欠いている名前であることを一応は承認するであろう。法世界が量化の領域を全宇宙と仮構するならそれらの名前は「ペガサス」と同じであり、量化の領域を宇宙の一区画と認めるならそれらは「タマ」と同じである。いずれにしても、

⑦ノリエガは臣下である
⑧ノリエガは非臣下である

これらはともに真ではないし〈偽〉とは言わない〉ともに無意味である。これらは何も語ってはいないし、たんに述語を展示しているにすぎない。ここに $Ma \lor \overline{Ma}$ は成立しないし成立してはならないのである。

この思想をすべての名前に押し及ぼすこと、それが〈indifferentia を証示すること〉の一つであると言うことができよう。

では次の単称命題もすべて真ではないし無意味であると言い切れるであろうか。⑨ノリエガは有罪である、⑩ノリエガは有罪ではない、⑪ラシュディは大和民族である、⑫ラシュディは大和民族ではない、⑬ a は女性である、⑭ a は女性ではない。

すべて真ではないし無意味であると思惟すべきであると思う。しかしこの思惟は困難にみえる。何故か。Ⓐライプニッツは、個体は無限の述語を担っていて、他ならぬこの個体を指示して表示する実体概念は無限の実在性を内包しているとした。ライプニッツは、個体が無数の法世界から無数の述語を拾ってきて身に着けていると言うのである。個体はこの意味で全宇宙の鏡である。

たしかに、ある個体が、遠く離れた見知らぬ個体との関係性をも担っていて、前者の個体が後者の個体の幸・

不幸に照応する規定を担っているとする論理と倫理は悪くはない。しかしライプニッツは、個体と個体が取り結ぶ関係に由来する個体の規定性を、法的概念でしか表示しないし、個体と個体との関係性を個体的実体概念相互の共可能性の理説に反映させているとは思われないのだ。結局ライプニッツの言うことは、〈ノリエガ〉はその実在において、常に既に無数の法廷の前に立ち無数の宣告を下されているということに尽きるのである。ここに $Ma \vee \overline{Ma}$ は原理的には必然的に成立する。

デカルトはこれに対して③から⑭は決して本来の単称命題なのではなく、擬装された特称命題であると断じたはずである。[22] たとえば⑨が一見有意味だとすれば、⑨はひそかに特称命題〈ある何者かは有罪である〉に読みかえられて、そこに観念の秩序〈何者か＝何者か＊有罪〉の適用が読みとられているのである。これは〈アメリカ国王は聖性をもつ・賢明である〉が有意味に見えるのと同じことにすぎない。

デカルトは個体を表示する実体性の観念が無限の実在性を含むなどとは決して考えなかったし、逆に個体は実体性の観念の秩序の外部に存在すると考えていた。このとき③から⑭は厳密には、個体そのものについては何も語ってはいないのである。

Ⓑガッサンディは「私は何か」・「私は誰か」という問いに対して名前で答えることをしなかったデカルトを批判し嘲笑している。[23] 唯名論者ガッサンディは、⑨から⑭は、ある法世界の内部では真理値が定まると言わざるをえないから、⑨から⑭は有意味であり真か偽であることが可能であり、⑨から⑭はそれなりに（反事実的状況も考えれば）真であると言ったであろう。

デカルトはおそらくこんな風に批判したであろう。法世界の外部に存在している個体と、法世界の内部に連行されて実在せしめられた個体とを、同じ一つの名前で指示するから論理的に過つのである。個体の時空的同一性と名前の同一性を混同する制度こそが、近代の普遍化＝全称化の方式を支えているのである。（家聞かな名告らさね）。法世界の内部で個体を〈ある何者か〉として公開＝現前せしめる名前で、法世界外部の個体を指示してしまうところに過ちの根があるのだ。

かつてアリストテレスは、シロギスムス（三段論法）の知の秩序の内に単称命題をとりこむことを自覚的に差し控えていた[24]。しかし十六世紀のラムスは、意図的に単称命題をとりこみ[25]、十七世紀の『ポール・ロワイヤル論理学』はまさに近代の普遍化＝全称化の方式に対応するシロギスムスに単称命題をとりこんでいる[26]。この過程は検討するに値するさまざまな問題を孕んでいるが、少なくともその過程はライプニッツ的実体論とガッサンディ的唯名論によって促進されたのだと言うことができよう。デカルトのシロギスムス批判と、デカルトがおよそ哲学的には名前を問題としなかった事実は、この文脈で再考されるべきである。

Ⓒ〝一切の法世界の外部に個体が存在するという思想は、世間知らずの希望にすぎない。遠い過去や遠い未来はいざ知らず、今となっては不可能である。そして法世界内部の実在と法世界外部の存在との存在論的差異などを誰が信ずるであろうか。indifferentia とはつまるところ、実在を逃がれて純粋に存在することを夢みる古色蒼然とした形而上学の焼き直しにすぎない〟。

可能世界論が教えたことは、可能性と時間的表象を切断する技法であった。可能世界論が登場した時代が、可能性を過去や未来に投影して無期限に遅延させる論理がその命脈を完全に断たれた時代でもあることは決して偶然ではない。また一切の法世界の外部が、あたかも全宇宙の彼方にしかないと表象することは知性を無限とみなすことにひとしい。一切の法世界の外部は、いたるところに・いつでも存在していると言うべきではないのか。

デカルトは〈私は存在する、私は実在する〉を形而上学の第一真理としている[27]。この存在論的差異を論理的かつ理論的に読み解くことはたしかにきわめて難しい。しかし、その存在論的差異は日常的に体験されているし、それを倫理的に読み解く道もすでに開かれているのだ。

デカルトは法世界から魂に負荷される一切のものごとを、Passion（受動・情念）と呼ぶことになる。つまりデカルトは、indifferentia の領野から発する意志の Action（能動・行為）以外のすべてのものごとを Passion（受難・受苦）と呼ぶのである。

註

デカルトのテキストからの引用はアダン・タヌリ版（AT）の巻数と頁付けによる。括弧内の巻数と頁付けは『デカルト著作集』（白水社）のものである。

（1） à Mersenne, 15 avril 1630, AT. I. p. 145.

（2） ibid., p. 146.

（3） ibid., p. 145-146.

（4） ibid., p. 144.

（5） Le Monde, AT. XI. p. 47.（第四巻一六四頁）。Discours de la Méthode, AT. VI. p. 41.（第一巻四六頁）。

（6） スアレスはこの破綻にきわめて自覚的であった。スアレスは神における普遍＝全称命題の知は、いかなるモデルに対しても妥当である仮言命題の知すなわち普遍＝全称命題の真理条件の知にひとしいと論じている。Disputationes Metaphysicae（1597）31-12-45. 本文の最終章で示すが、スアレスのこの抵抗はむなしい。

（7） à Mersenne, 6 mai 1630, AT. I. p. 149.

（8） à Mesland, 2 mai 1644, AT. IV. p. 118.

（9） Resp. VI, AT. VII. p. 432.（第二巻四九三頁）。

（10） 〈観念〉をめぐっては村上勝三氏の一連の研究が参照されるべきである。とくに次のものは示唆に富む。「中世スコラ哲学における〈イデア〉説からデカルト哲学における〈観念〉説へ」（山口大学『文学会誌』第三九号、一九八八年）。

（11） à Mersenne, 15 avril 1630, AT. I. p. 145.

（12）à Arnauld, 29 juillet 1648, AT. V. p. 224.

（13）à Mersenne, 27 mai 1630, AT. I. p. 152-153.

（14）刑罰論や責任論であれほど〈他行可能性〉が重視される理由も同様に論じうる。

（15）à Mersenne, 27 mai 1630, AT. I. p. 152.

（16）ibid., p. 152.

（17）à Mersenne, 17 mai 1638, AT. II. p. 138.

（18）à Mesland, 2 mai 1644, AT. IV. p. 118.

（19）Entretien avec Burman, AT. V. p. 166.（第四巻三七一―三七二頁）。

（20）à Mesland, 9 fév. 1645, AT. IV. p. 173.

（21）この点をめぐる貴重な研究がある。田中美知太郎『善と必然との間に』（岩波書店、一九五二年）。

（22）Resp. II. AT. VII. p. 140.（第二巻一七二頁）。

（23）P. Gassendi, Disquisitio（1642）, Opera Omnia III, p. 289.

（24）アリストテレス『分析論前書』I-33, II-27.

（25）cf. W. Kneale and M. Kneale, *The Developement of Logic*（1962）, p. 303, E. J. Ashworth, *Language and Logic in the Post-Medieval Period*（1974）, p. 249.

（26）A. Arnauld et P. Nicole, *La Logique ou l'art de penser*（1662）III-2.

（27）Med. II. AT. VII. p. 25.（第二巻三八頁）。

IV

思惟する魂——機械・作品・マテーシス

一　機械論的自然観と生命観

デカルトは機械論的自然観を確立したとされる。本稿では、機械論的自然観をめぐって、『方法叙説』と『省察』を通して改めて考えてみたい。

直ちに提起されるべき問題は、機械とは何か、自然とは何か、自然全体を機械として捉えることができるか否かということであるが、さしあたり、機械論的自然観とは、世界の内部のすべての事物、自然界の内部のすべての自然物を機械として捉えることであると解しておく。そのとき、幾つかの問題が提起されざるをえない。

自然物を大きく非生物と生物に分かつことに何らかの意味があるとするなら、非生物を機械として捉えることと生物を機械として捉えることは、異なる意味を持たざるをえない。生物の特殊性を考慮に入れながら機械論的自然観を仕上げるためには、非生物を機械として捉える方式を生物に外挿して適用するだけでは足りないはずである。また、生物を人間と人間以外の生物に分かつことに何らかの意味があるとするなら、とりわけ人間の特殊性を考慮に入れるべきであるとするなら、人間をことさらに機械として捉えることがいかにして可能なのかが示される必要がある。それだけではない。機械論的自然観を採用するのは、ほかならぬ人間である。そのとき、すべての自然物を機械として捉える限りでの人間が、いかなる事物であるのかということが問題にならざるをえない。その人間は、世界内部の事物であるのか、自然界内部の自然物であるのか、それとも、自然界内部の特別な生物であることになるのかということが問題にならざるをえない。これは人間において精神と身体を区別するだけで片の付くことではない。人間の精神をも世界内部の事物として捉えるや否や、人間精神と人間ないしは人体との区別と関連が問題にならざるをえないからである。そして、強調すべきは、これらの問題を解くことなくして、機械論的自然観を確立することなど不可能であるということである。

ところで、『省察』には、副題として『そこでは神の実在と魂の身体からの区別が論証される』という句が付されている。『省察』が自然学の形而上学的基礎付けを行なう書物であるからには、神の実在と魂の身体からの区別は、機械論的自然観の確立に関与しているはずである。また、「魂」という用語が生命に関係するものであるからには、伝統的魂論と機械論的自然観の関係を考慮に入れているはずである。実際、デカルトは、『省察』「第五答弁」で、「魂」の意味について次のように書いている。

おそらく最初の人間たちは、われわれが栄養摂取し生長する際の原理とわれわれと獣に共通なことを遂行する際の原理を、われわれが思惟する際の原理から区別しなかっただろうから、両者をいずれも「魂」と称したのである。その後、思惟は栄養摂取と区別されることに気づいた者が、思惟するものを「精神」と呼び、この精神が魂の主要部分であると信じたのである。しかし私は、われわれが栄養摂取する際の原理は、われわれが思惟する際の原理とは類的に区別されると気づいたので、「魂」という名称は両方に解されるなら両義的になると言ったのである。かくて、「魂」という名称が、特に人間の第一現実態、すなわち、人間の主要な形相と解されるためには、われわれが思惟する際の原理だけが知解されるべきである。私は両義性を回避するために、大抵は「精神」という名称で呼んできた。というのも、精神は魂の部分ではなく、思惟する魂の全体であると考えるからである（AT VII 356）(1)。

デカルトは、伝統的魂論を廃棄しようとしているのではなく、むしろそれを精錬しようとしている。伝統的に魂に帰せられてきた能力は、植物にも見られる栄養摂取能力、「われわれと獣に共通な」能力、思惟能力である。生物の生物性、生物の生命現象は、これら三種類に区分されてきた。これに対して、デカルトが主張していることは、「われわれ」においては、思惟能力が帰せられる原理が、人間の第一現実態にして主要形相、人間の魂そのものであるということである。ということは、人間が生物に数え入れられるとするなら、あるいはむしろ、人間だけがすぐれて生物として捉えられるとするなら、人間に固有の生物性は精神において知られなければならないということになる。デカルトは、生命を蒸発させてしまうのではなく、生命を知るべき場所を厳格に指定しようとしているのである(2)。

魂論を精錬するためには、自然物と生物の差異についても考えておかなければならない。自然物は、生成し消滅するし、場所的に移動する。そうした変化と運動を引き起こす作動原因は、当の自然物の内部に存せずに、当の自然物の外部の諸自然物の連関に存すると見ることができる。したがって、これら自然物に運動変化をもたらす作動原因を指定することができるなら、自然物を外部の動力源によって駆動される機械として捉えることは比較的容易である。生物もまた、生成し消滅するし、場所的に移動する。この限りにおいては、生物は自然物である。ところが、生物は、自発的に場所的に移動し、自然発生的に生成して消滅するように見える。自然発生的に生まれて生長して死んでいくように見える。したがって、そうした運動変化を引き起こす作動原因・形相原因・質料原因は、当の生物の内部に存すると考えざるをえない。この生物に内在する原因も、伝統的に魂と呼ばれてきた。しかし、デカルト自身も強調したように、駆動装置を内部に装塡された機械、すなわち、自動機械が存在する。この自動機械は、外部の制作者によって制作されたものであっても、運動変化の原理を内蔵している。とすると、自然物を機械として捉えるや否や、生物を自動機械として捉えなければならなくなるように見える。したがって、機械論的自然観を徹底しようとするなら、人間精神における自発性・自然発生性・自動性を改めて解明しなければならないし、人間における精神性と生物性と自然物性の複雑な関連を解きほぐさなければならない。いずれにせよ、自然物を機械として捉え、生物を自動機械として捉えるとしても、生命現象が蒸発してしまうわけではなく、むしろ生命現象を特異な仕方で際立たせてしまうのである。そしてデカルトは、人間における自然物性を最大限に見積もることによって、生命を知るべき場所を明確に指定していくことになろう。

二　機械モデル――『方法叙説』「第五部」

デカルトは『方法叙説』「第五部」において世界創成論から人間論までを略述し、最後に機械をめぐる議論を提出している。

デカルトは、世界創成に関しては、世界に時間的な始まりがあると想定した上で、その始原に「混沌たるカオス」を想定する。これは世界全体に関する大域的な想定である。そしてデカルトは、このカオスから、「神が定めた法則」に従って、天空・光・天体・地球などの各種の自然物が生成し、現在の状態に到ったと説明する。言いかえるなら、デカルトは、いわば世界全体という種子ないし胎から各種の自然物の総体である自然界が発生分化すると見なしているのである。この意味において、世界全体と自然界は区別されていることに留意しておきたい。

次にデカルトは、「動物、とくに人間」の議論へと進むが、ここでは世界創成論の方式を採用できないことを明確に認めている。すなわち、動物と人間については未だ「十分な認識」を得てはいないので、「原因によって結果を論証し、また、いかなる種子から、いかなる仕方で、自然が動物や人間を産出するのかを示す」スタイルを採ることができないというのである（AT VI 45）。ここにおいて、デカルトは、本来なら同じスタイルで自然界全体と生物を取り扱うべきあるとしながら、生物の固有性を種子からの発生に求めている。発生という概念を拡張して、分化と生長だけでなく老化と死去もそこに含めておくなら、生物の固有性を、たんなる生成と消滅から区別されるところの、種子から生長し老化し死んでいく過程に求めているのである。デカルトが率直に認めていることは、この生物の固有性を具体的に解明するための認識を未だ獲得していないということにほかならない。(3)とすると、機械論的自然観を確立していく道筋において、この生物の固有性はどのように理論的に捌かれていくのかということが問われることになる。この点で注意しておきたいのは、デカルトが、世界創成論において、「神が世界を創造したときの作用」は「神が今世界を保存する作用」と同じであると強調していることである（AT VI 45）。これは、神を参照するなら、生起の原因と存在の原因を同じものとして扱うことができるという主張にほかならない。デカルトは『省察』「第五答弁」でこう書いている。

建築家は家の、父親は息子の、たんに生起（fieri）に関する原因であるにすぎず、それ故に、作品が放たれたときには、作品はその種の原因なしで存続しうる。しかし、太陽がそれから発する光の原因であり、神が創造された事物の原因であるのは、ただ生起に関してだけではなく、存在（esse）に関してでもある。そのような原因は、結果に対して、結果を保存するために、常に同じ仕方で流れ込まなければならない（AT VII 369）。

動物と人間は種子から発生する。精確には、種子全体が内部的に分裂・分化を繰り返して動物と人間の形相を仕上げていく。とすれば、動物と人間の生起の原因は種子全体に求められなければならない。しかも、動物と人間は種子全体が内的に変化して仕上げられたものであるからには、動物と人間の存在の原因も当の種子全体に求められなければならない。この限りにおいて、種子は動物や人間の作動原因・形相原因・質料原因である。しかし、もちろんこの言い方は十分ではない。このように種子が動物と人間の生起の原因と存在の原因として働くためには、当の種子の外部の原因、生殖と発生の過程を支える胎、生長・老化・死の過程を支える原因なども必要不可欠だからである。要するに、種子全体は自律しても自足してもいないのである。だからこそ、世界創成論以上に生物発生論は困難である。この理論的困難を回避して、発生と生起の作用と存在の保存の作用を縮約して同一化するために、デカルトは、いわば次善の策として、神を導入した機械論を採用するのである。

私は以下のように想定することで満足した。すなわち、神は、肢体の外的形状も器官の内部構造も、われわれの一人とまったく類似した一人の人間の身体を、私が記述した物質だけで構成して形作り、最初は、その人体の中に理性的魂も、植物的あるいは感覚的魂の用をなすものを何ら置き入れずに、その人体の心臓に光なき火の一種を点らせたと想定した（AT VI 45-46）。

デカルトの機械論的自然観、ひいては機械論的生物観は、一貫してこの理論的想定の下で展開されている。神が人体に類似した機械を制作したという想定は、神が人体に似た機械を生起させただけでなくその存在を維持しているという想定である。言いかえるなら、神の制作は、発生作用と存在維持作用を統一しているという想定、具体的には、生老病死の過程と生存維持を統一的に支えているという想定である。この想定はさまざまな理論的紛糾を呼び込まずにはおかないだろうが、ともかくデカルトは、このように動物と人間の機械モデルを提示した上で、人間に帰されてきた諸機能から機械に帰されるべき諸機能を取り除いていく。

この身体に生じうる諸機能を検討して、私はそこに、われわれがそれについて思惟することなくともわれわれの内にありうる諸機能だけを見出した。すなわち、思惟することだけを本性とし、身体から区別される部分であるわれわれの魂が、そこに寄与することなくともわれわれの内にありうる諸機能だけを見出したのである。これらの諸機能はすべて、理性のない動物がわれわれに似ていると言えるような機能である。だが、私はそこに、思惟に依存し、人間としてのわれわれだけに属する機能をひとつも見出しえなかった（AT VI 46）。

神は人体に似た機械を制作しうる。「われわれ」人間は、人体に似た機械に装塡可能な機能を考えてみることができる。「われわれ」人間は、思惟が寄与する機能だけは、人体に似た機械にも内蔵不可能であると考える。しかし同時に、「われわれ」人間は、思惟が寄与しない機能のすべては、人体に似た機械に内蔵可能であると考える。とすれば、「われわれ」人間の内には、神が制作する機械に相当する身体が内蔵されていると考えることができるはずである。こうして、デカルトは、心臓と血管系の仕組と血液運動を詳しく説明し、とりわけ「肢体を動かす力」を発揮するような人体の仕組を説明する（AT VI 55）。さらにデカルトは、覚醒・睡眠・夢、感覚・情念・記憶・想像、「意志が肢体を導く」以外の仕方での行動を、同様に説明できるとする。

以上のことは、人間の巧知が、各動物の身体内にある多数の骨・筋肉・神経・動脈・静脈などの部分に比較して、実に僅かな部品しか使わずに、いかに多様なオートマトン、すなわち、動く機械を作りうるかを知っている人びとには、少しも奇異には映らないであろう。これらの人びとは、この人体のことを、神の手によって作られ、人間が発明しうるどんな機械よりも、比較を絶してよく整序され、より見事な運動を自ら行なう一つの機械と見なすであろう（AT VI 55–56）。

人間の身体を機械として捉えることができるとして、人間から身体をいわば引き算すれば何が残るのか。思惟することを本性とする魂が残る。では、魂と身体の差異は何か。魂と機械の差異は何か。デカルトによるなら、

「われわれの身体に似ていて、実際上可能な限りのわれわれの活動を真似る機械があるとしても、だからといってそれは真の人間ではないと認知するための極めて確実な二つの手段がある」（AT VI 56）。これは、制作者としての神でさえも、人体に似た機械を制作するような仕方では、「真の人間」を作り出すことはできないということを示すための議論であると解さなければならない。「二つの手段」とは、第一に、機械が「面前で語られるすべてのことの意味に応答するために、言葉をさまざまに配置する」とは、「われわれは認められない」ということである。これは機械と人間の関係性に関わる論点なので、いまは措いてもよい。第二に、機械は、認識と意志に発する仕方で、しかも「生活のあらゆる場面」に応じる仕方で動くことはできないということである。言いかえるなら、フレーム問題を克服しえないということである。したがって、機械と区別される理性的魂とは、認識と意志に発し、フレーム問題を解決するかのような仕方で身体を動かす能力の原理のことである。デカルトは、同じ二つの手段によって、「人間と獣（bêtes）の差異」もわかると続けている。[4]

ここまでのデカルトの議論を振り返るなら、人間の魂は、神が制作する機械と区別されるものの、その存在論的な位置が曖昧であることに気づかされる。人間身体や動物を機械として捉えているはずの魂は、世界の内部の事物の一つであるのか、あるいは、世界の外部に存在する何かであるのかが曖昧なのである。

これに関連して、『方法叙説』「第五部」では、二つの論点が提示されている。第一に、「理性的魂」は、「物質の力」からは導出されえず、「特別に（expressément）創造されなければならない」（AT VI 59）ということ、第二に、「神が理性的魂を創造し、それを私が記述するような仕方でこの身体に結合したと想定すると、人間としてのわれわれだけに属する機能を見出す」（AT VI 46）ということ、具体的には「われわれのものに似た感情と欲求」（AT VI 59）を見出すということである。すなわち、魂は特別に創造されるものである。創造されるものであるからには、世界内部の事物である。しかも魂は、身体に結合して創造される世界内部の事物である。したがって、機械論的自然観の徹底化は、魂と身体機械の区別と結合の効果として生命現象を知る道を開くはずである。この点は、『省察』「第六省察」の課題になるが、以下、その手前の「第五省察」までについて予備的考察を行なう。

三　思惟する事物――魂論の精錬

デカルトは、「第一省察」において、学問を大きく二種類に分類している（AT VII 20）。一つは「自然学、天文学、医学」であり、これらは「複合された事物」を取り扱う。これらに関しては、複合された事物が「事物の自然」に存在するか否かが問われる。もう一つは「代数学、幾何学」であり、これらは、「単純で一般的な事物」を、すなわち、「物体的自然一般とその延長」、および「延長した事物の形状、量、大きさと数、場所、時間」を取り扱うが、単純で一般的な事物が「事物の自然」に存在するか否かを「ほとんど気にかけない」。

ここで二つ指摘しておきたい。第一に、自然学・天文学・医学は、自然物と生物を取り扱い、これらを複合された事物と見なすが、それが何によって複合されるべきか、とりわけ、単純で一般的な事物によって複合されるべきかは簡単には決まらない[5]。第二に、単純で一般的な事物が、予め物体的自然などと同一視されている。代数学と幾何学が取り扱うべき空間が、予め物体的自然と見なされているのである。

「第一省察」における欺く神の懐疑は、これらの論点を神の全能性と創造者性に関連付けている。「私の精神には、古くからの思想（opinio）が、すなわち、何ごとも為しうる神が、現に実在するように私を創造した神が存在するという思想が刻み付けられている」（AT VII 21）。デカルトはこの思想から二つの懐疑を引き出している。一つは「地球、天、延長した事物、形状、大きさ、場所」が存在しないとしても、実在すると見えるように神がしなかったとどうやって知るのかという疑いである。複合された事物と単純で一般的な事物の双方が、たんなる構築物でしかないのに、事物の自然に内在すると思い込んでしまわないかという疑いである。もう一つは「二に三を加えたり四角形の辺を数えたりするたびに私が欺かれるように」神がしなかったとどうやって知るのかという疑いである。この疑いは神の創造者性に関わっていることに注意するなら、ここで問われていることは、数学的操作を遂行して何ものかを構築する「私」がいかなるものであるのかということと、同時に、そのような「私」が何ものかとして創造されたものであるとしたら、そのことは数学的な構築物の真理性にどのように効いてくるのかということである。以下、主として後者の問いをめぐって検討していく。

「第二省察」において、デカルトは、「私は存在する、私は実在する」を真なる認識として確立し、直ちに「存在する私は何であるか」と問う。この問いに答えるために、デカルトは、「私は人間である」と考えてきたとした上で、「私とは何であるかを考察するたびに、自発的かつ自然に私の思惟に何が従来立ち現われてきた」のかを吟味していく。ここでも「古くからの思想」が吟味されるのである。

第一に、私が、顔・手・腕、ならびにそれら肢体の機械全体を持つことであり、死体にも看取されるこの機械を私は「身体」という名称で指示していた。第二に、私が、栄養を摂り歩行し感覚し思惟することであり、これらの活動を私は魂に関係付けていた。しかし、その魂が何であるかについては、私は気に留めていなかったが、そうでなければ、私の粗大な部分に注ぎ込まれた、風や火やエーテルのような、何か知らないが微細なものを想像していた（AT VII 26）。

「私とは何であるか」という問いに対する「従来」の答えはこうなる。「私」は身体機械を持つものである。身体機械は死体にも看取されるから、生体から死体への変化は機械の変化と見なされる。「私」は生命活動と見なされる諸活動をなすが、それら諸活動の原理ないし原因としての「私」の魂は、微細なものとして想像される。ところで、デカルトはこう付加している。「従来」から、「物体の自然」は判明に認識していたが、「自己自身を動かす力、感覚する力、思惟する力」が「物体の自然」に属するとは考えてはいなかったので、「これらの能力が物体に見出されることに私は驚いていた」のである。とすると、どういうことになるのか。

ここでの身体機械は、感覚によって判別されることのできる比較的粗大な部分によって組み立てられた複合物として捉えられている。それはいわば解剖学的な機械である。しかし、その運動変化の原理ないし原因は、解剖学的な機械に含まれる部分機械に存するとは考えられないために、解剖学的な機械の全体に充満するいわば生理学的な微細なものとして想像される。想像の水準においては、生命活動と生命現象は、この微細なものに帰せられるわけである。したがって、「古くからの思想」にあっては、「私とは何か」ということについては、「私」は解剖学的な機械以上のものであるが、生理学的な微細なもの以上のものではないかもしれないということになる。デカルトは、この微細なものが物体的自然として捉えられるか否かを決めかねているのである。だからこそ、ここで欺く神の全能性が持ち出される。

今私は、極めて力能のある、そう言ってよければ、悪意のある欺瞞者が、万事において殊更に力の限り、私を騙していると想定している（AT VII 26）。

この全能性は、「私」の何たるかについての想像に関わっている。「私」は魂を微細なものと想像するが、微細なものとしての魂は「事物の自然」に存在していないかもしれない。それは想像によるたんなる構築物であって、およそ自然物の資格を持ち得ないものであるかもしれない。これに対して、デカルトは、「私」から思惟することだけは切り離せないと主張して、こう続ける。「私は、抽き出してのみ言えば、思惟する事物である。言いかえれば、精神、霊魂（animus）、知性、理性である。それらは以前にはその意味が識られていなかった言葉である」（AT VII 27）。ここにおいて注意すべきは、「魂（anima）」が挙げられていないことである。「魂」は以前からその意味が微細なものとして識られていたからである。
次に、デカルトは、思惟することとは何かと問いを立てて、疑うこと、知解すること、肯定すること、否定すること、意志すること、意志しないこと、想像すること、感覚することを列挙する。これらの作用のうち、想像することと感覚することは、一旦は身体の存在に依存する活動であるとして退けられていたが、今度はそこに思惟活動が寄与する限りでの作用として、思惟活動に数え入れられる。この点に関して、欺瞞者の創造者性が引き合いに出されている。

これらのうちには、常に私が眠っているにせよ、また、私を創造した者が、自己の内にある力の範囲で私を騙していているにせよ、私が存在するということと同程度に真であるのではない何かがあるだろうか。私の思惟から区別される何かがあるだろうか。私自体から分離されると言われうる何かがあるだろうか（AT VII 29）。

「私」は思惟する事物であり、「私」には魂がある。では、「従来」から魂に帰せられてきた活動、自己を動かす活動と感覚する活動はどうなるのであろうか。自己を動かす活動については、自動機械を考えることができるからには、それを直ちに魂に帰すわけにはいかないが、感覚する活動については、どうしても魂に帰せざるをえない。とすると、「私」が魂を微細なものとして想像し、その想像作用は思惟作用として魂に帰せられるなら、「私」は思惟する事物であることと、魂が微細なものであることの関係が問題化せざるをえない。だからこそ、「私」を創造した者が問題化するのである。
こうして、「第二省察」の後半は、「微細なもの」と「自己を動かす力」を検討することになる。「第二省察」後半は、数的に区別される自然物、すなわち、この一つの蜜蠟、この一つの地球、この一つの身体など、「個別的な一つの物体」（AT VII 30）の生成・変化・消滅をめぐる考察である。

この一つの物体は、当初は、堅く、冷たく、容易に触れることができ、指で叩けば音を発する。ところが、これを火に近づけて熱すると、色が変わり、形状は崩れ、大きさが増し、液状化し、熱くて触れ難くなり、叩いても音を発しなくなる。こんな風に、物体は絶えず生成変化する。それでも同じ一つの物体が存続していると考えられる。では、それは何であるのか。また、それを把握する能力は何であるのか。

数的に区別されながら存続するものとは、「変形可能で変化可能な延長した何か」「無数の変化を容れうる」物体（AT VII 31）である。それを把握する能力とは、感覚能力でも想像能力でもなく、人間精神の何か別の能力である。すなわち、生成・変化・死滅を通して同じ一つの身体として存続するもの、生体から死体へと変化しながらも存続するものは、感覚で判別される粗大なもので複合されるような解剖学的な機械でもなく、想像で思い描かれるような生理学的な微細なものでもない。そうではなくて、感覚や想像とは別の精神能力によって把握されるものである。とすれば、「私」の魂を精確に知るには、感覚と想像を離れて、別の精神能力を使用しなければならない。そして、この段階では、魂は、無数の変化を容れうる延長した何か、空間的な何かとして把握されなければならない。

生物は世界内部に存在する。生物の生命活動の原理たる魂も、世界内部に存在する。とすれば、魂は何か空間的なものであるのでなければならない。ここで注意すべきは、感覚や想像によってではなく、精神によって把握されるその空間性は、知性的で理念的な空間性であるということである。また、魂が「不可分」（AT VII 13）とは、計量化できないものということであり、順序ないし位相を入れることのできないものということではない。この魂をマテーシスによって複合できるかどうかが問題になりうるわけであるが、いずれにせよ、このように「古くからの思想」は精錬されるのである。このことを念頭に置きながら、自動機械の議論も検討しておく。

われわれは、蜜蠟がそこにあれば、蜜蠟自体を見ると語り、色や形状からして蜜蠟がそこにあると判断するとは語らない。そのために、直ちに私は、独り精神だけの洞観によるのではなく、眼の視覚によって蜜蠟を認識すると結論してしまうことにもなる。しかし、かつて私は街路を通り過ぎる人間たちを窓から眺めたことがあったが、蜜蠟の場合と同様に慣行に従って、それら人間たちを私は見ると語る。しかし、帽子と衣服以外の何を私は見ているのか。それらの下には自動機械が隠れているかもしれないのに。それでも私は人間たちがいると判断する。そしてこのようでなければ、眼の視覚で蜜蠟を認識すると結論してしまうのである。かくて、私が眼で見ると思うものを、私の精神の内にある判断能力だけによって私は把握しているのである（AT VII 32）。

デカルトの議論の趣旨は、帽子と衣服の下に自動機械が隠れているとしたら「人間は存在する」という判断は誤りであるということではなく、帽子と衣服の下に自動機械が隠れていても人間精神は「人間が存在する」と判断するということである。眼下を通り過ぎる自然物、自己運動している生物、これを人間として捉えるのは、感覚や想像ではなく、人間精神であるということである。ただし、この人間精神は、生きた人間が存在すると判断する際に、その魂を何か空間的なものとして把握するにとどまるわけである。

ここまでの読解を要約する。デカルトは、生命的とされてきた諸活動、すなわち、自己を動かす力、感覚する力、思惟する力が、物体ないし身体に見出されることに驚いてきた。しかし、ともかく、それらの力を、物体ないし身体に宿る魂に帰してきた。ところが、その魂が何であるかを考えるとき、感覚に頼るなら、解剖学的な部分で複合されるだけの機械や自動機械を想定してしまうし、想像に頼るなら、生理学的な微細なものを想定してしまう。それでも思惟する事物が魂であることは動かないとすれば、また、思惟する事物にこそ生命的とされるべき諸活動が帰せられるとするなら、思惟する事物ないし思惟する魂を把握するには精神に頼らなければならない。そこから再出発して、自然物とは何か、生物とは何かを考え直さなければならない。こうして、その精神がいかなるものであるかを定めることが「第三省察」と「第四省察」の課題になる。

四　完全な機械と完全な作品

「第三省察」の最初で、デカルトはこう書いている。いわゆる明証性の規則の提示である。

私は、私が思惟する事物であることを確知している。そうであるなら、何らかの事物について私が確知するために何が要求されるかも知っているのではないか。この最初の認識のうちには、私が肯定するものについての明晰判明な知得以外には何もない。もしこのように明晰判明に私が知得したものが偽であるということがいつか起こりうるとしたら、その知得は、私が事物の真理について確知するには足りないということになってしまうだろう。したがって、今や私には、すこぶる明晰判明に私が知得するものはすべて真であるということを、一般的規則として確立することができると思われる（AT VII 35）。

「事物の真理」をめぐり幾つか注意しておきたい。第一に、「私は思惟する事物である」が最初の認識であり、最初の事物の真理である。第二に、この最初の事物の真理の条件が、明晰判明な知得として縮約されて概念化されている。第三に、最初の事物の真理の条件が、それに続くべき別の事物の認識と別の事物の真理の条件と同じであることが要請されている。あるいはむしろ、真理の条件が同じでなければ認識されないような、そのような事物の真理の探究が始められようとしている。その限りでは、一般的規則は十分に確立している。しかし、第四に、一般的規則が実効的に使用されるためには、思惟する事物の真理の条件の下で認識される事物、あるいはむしろ、思惟する事物と存在者的にも真理条件的にも同格の事物があることを確立しなければならない。このことは同時に、思惟する事物が存在論的にはいかなる事物であるかの更なる探究を要請する。(6) 神の実在証明を通して、思惟する事物がいかなるものであるかが定められていくが、その到達点を要約する「第三省察」の末尾にはこんな一節がある。

神が私を創造しながら、神の観念を、制作者が自己の作品に刻印する印のごとくに置き入れたということは、決して奇異なことではない。しかもその印が作品自体と別の事物である必要もない。そして、神が私を創造したというこの一事からして極めて信じうることは、私がある仕方で神の像と似姿として作られたということ、また、神の観念を含んでいるその似姿が、私が私自体を知得する能力と同じ能力で知得されるということである(AT VII 51)。

この「信」の内容はこうなっている。「神」:「私」=「制作者」:「作品」。そして、「神の観念」=「制作者の作品の印」=「作品自体」。さらに、「私」=「神の観念を含む神に似た作品(7)」。ここでは、人間精神が何であるかという問いは、神の作品であると答えられている。とすれば、人間精神と同格の別の作品が実在することを証明し、これに明証性の規則を適用するならば、別の事物の真理を獲得できることになる。そこを考える前に、作品と機械の関係について考えておく。

デカルトは、『省察』「概要」で、「第三省察」での神の実在証明に関して、こう書いている。『省察』本文では、読者を感覚から引き離すために、「物体的事物との比較」をしなかったが、『省察』「答弁」では、「われわれの内部にある最高に完全な存在者の観念が、最高に完全な原因によることなくしてありえないほどの、対象的な事物性を持つ」ということを、「すこぶる完全な機械との比較」を用いて解明したことである。そしてデカルトはこう続けている。

すこぶる完全な機械の観念の対象的な技術は、何らかの原因を持つのでなければならない。つまり、制作者の知識、あるいは、制作者にその観念を与えた誰か別の者の知識を持つのでなければならない。それと同様に、われわれの内部にある神の観念は、神自体を原因として持たないことはありえない（AT VII 14-15）(8)。

「比較」はこう設定されている。「完全な機械の観念」：「何らかの原因（制作者の知識）」＝「神の観念」：「神自体」。この比例式において、比較の前項を取り出すなら、完全な機械の観念は神の観念に相当し、比較の後項を取り出すなら、原因としての制作者の知識は神自体に相当すると解することができる。では、約めて、完全な機械は神に相当すると解することができるだろうか。

『省察』「第六省察」には、こんな一節がある。「一般的に観られた自然とは、神自体、あるいは、神によって制定されたところの創造された事物の共秩序にほかならない」（AT VII 80）。したがって、「第五省察」を経た後で、神自体を一般的自然界と解し、一般的自然界全体を機械として捉えることができるなら、デカルトが神を完全な機械に比較することはありえないことではないと言うことができる。しかし、この解釈には「第三省察」の段階では難がある。たしかに、神が自己原因者であることからすると、神が完全な機械かつ完全な機械の制作者であるなら、神は自己を制作する機械になるので、比較の筋は通るように見える。そして、一般的自然界自体をそんな自己制作者として想像することもそれほど難しいことではない。しかし、「第三省察」の段階での神は、一般的自然界以上の何かである。また、神が完全な機械の観念を持つことは確かであろうが、「私」も完全な機械の観念を持つのである。にもかかわらず、その「私」は、完全な機械の制作者でも自己制作者でもない。しかも、神の実在証明を通して、その「私」は神の作品であることが示された。すなわち、完全な機械の観念を持つ者が、制作する者ではなく、制作される者であることが示されたのである。とすると、どうなるのか。そこで、完全な機械の観念よりは、知識ないし技術の所在に着目してみる。『哲学原理』「第一部」からも引用しておく。

もし誰かが極めて技巧的な機械の観念を自己の内に持つなら、いかなる原因によってその観念を持つのかと当然問うことができるであろう。すなわち、別人が作ったそんな機械をどこかで見たのか、機械学の知識をかくも精確に学んだことがあるのか、あるいは、どこでも見たことのない機械を自分で案出できるほどの知力があるのかと問うことができるであろう。実際、その観念の内に対象的にのみ、すなわち、いわば像の内にあるかのように含まれているすべての技術は、いかなる原因であるにせよ、原因の内に、たんに対象的あるいは表象的にではなく、事物自体として形相的か優越的に含まれていなければならない（AT VIII 1-11）。

機械論とは、機械を制作する制作者が持つべき知識の探究であると解することができる。自然物を機械として捉えることとは、自然物を制作する制作者が持っているはずの知識を当の自然物の運動変化の原理ないし原因として捉えることである。仮に人間が充全に自然物を機械として捉えることができるなら、人間自身がその制作のための知識を持つことになるし、原理的にはその自然物を実際に制作することができるはずである。しかし現実には人間が自然物を制作することなどできてはいない。人間は、自然物＝機械の観念の原因たる知識を発見する途上にいるからである。とすると、自然物は人間精神よりも完全な機械であるということにもなりかねないが、これはデカルトの採るところではないだろう。物体の観念には人間精神以上のものは含まれてはいないし含まれるべきではないからである。言いかえるなら、人間精神には、自然物＝機械の観念の原因たる知識を獲得する可能性が開かれているし開かれていなければならないからである。いずれにせよ、人間は自然物よりも完全なものと考えられるであろうから、個々の自然物を完全な機械と見なすわけにはいかない。

とすると、残るところ、人間精神こそが完全な機械と見なされていると解さなければならない。人間精神は、自己を完全な機械として捉え、完全な機械の観念を持つ。人間精神は、人間のことを、機械以上のもの、微細なもの以上の物体的なものとして捉え、しかも思惟する魂でもあると知っているからである。しかし、人間精神は、その制作者ではないし、制作するための知識を持つはずもない。人間精神は、人間のことをすぐれて生物であると知りながらも、そのことについて「十分な認識」を持たないが故に、制作された機械と想定せざるをえないからであり、しかも、神の実在証明を通して、自己が制作された作品であることを知るにいたったからである。以上のことが意味するのは、人間精神は自己を制作する制作者が持つはずの知識を探求する途上にいるということである。こうして、人間精神は、完全な機械に譬えられもする神の特別の作品である。「第四省察」では、この作品が世界の中に位置付けられる。

デカルトは、「私」なる作品が過誤にとらわれていることは、その不完全性を示すだけではなく、当の作品の制作者の不完全性をも示すことにならないかと問いを立てる。「制作者が熟練していればいるほど、制作者はより完全な諸作品を作り出すとすれば、すべての事物の建設者によって、あらゆる面で絶対的ではないような何かが作られたということがありうるだろうか」（AT VII 55）。しかしデカルトはこう応じていく。「神の諸作品が完全であるかどうかをわれわれが探究するとき、ある一つの被造物を分離して観るのではなく、諸事物の総体を観なければならない」（AT VII 55）。そのように事態を観るならば、また、「神の広大無辺な力能」を考えるなら、神は多くのものを作りうることがわかるから、「私は事物の総体の内部での部分という相（ratio）を保持する」ことがわかってくる。だから、それだけを分離して観れば不完全であっても、「世界の内部での部分という相を持つもの」としては極めて完全でありうることがわかる（AT VII 55-56）。すなわち、「私」は世界の内部の部分である限りにおいて完全な作品なのである。[9] まさにこのことによって、デカルト自身が『省察』「概要」で明確に指摘していたように、「第四省察において、明晰判明にわれわれの知得するもののすべては真であるということが証明される」（AT VII 15）のである。

すべての明晰判明な知得は疑いもなく何かであり、したがって無に由来することはありえず、必然的に神を作者とするから……疑いもなく真である（AT VII 62）。

人間精神は、神の作品であり、世界内部の作品である。神は制作者の知識を持ち、作品のすべての機能と能力を制作する。人間精神は、思惟する事物以外の事物の真理を探究しているが、まだ発見してはいない。それでも、人間精神が明晰判明な知得を持つとするなら、その作用面も対象面も含んだ明晰判明な知得は、神を作者とする作品であると言わなければならない。

次に問われるのは、明証性の規則を真理の規則として実効的に使用できるところの、世界の中に作られた人間精神以外の作品は何かということになる。それを定めるには、制作者たる神の知識について、ある種の限定を加える必要がある。制作者たる神の知識は、人間精神にも獲得可能な知識へと限定されなければならないからである。それがマテーシスにほかならない。

五　マテーシスと人間

「第五省察」では、物質的事物の真理の探究が開始される。そのためには、物質的事物を人間精神と同格の作品として捉えることができなければならない。そして、そのためには、神の制作者の知識を人間精神に相応しいものに限定しなければならない。こうして、物質的な事物と、「代数学や幾何学、あるいはむしろ純粋で抽象的なマテーシス」（AT VII 65）との関係が論じられることになる。

議論はこう進められる。物質的事物についてはさまざまな観念がありうる。しかし今は、物質的事物の真理を探究しているのだから、それらの観念のうち、混乱したものを捨てて、判明なものを選り分けなければならない。では、物質的事物についての混乱した観念とは何か。物質とはとりわけ感覚されうるものの質料のことであるからには、直ちに挙げられるのは感覚されるものについての不分明な観念であろう。加えて挙げられるべきは、魂として想像された微細なものについての観念である。これに対して、物質的事物についての判明な観念がマテーシスの対象にほかならない。すなわち、「量化された事物の長さ・広さ・深さにおける延長と、延長の多様な部分の数・大きさ・形状・位置・場所的運動・持続」（AT VII 63）である。言いかえるなら、「単純で一般的な事物」である解析幾何学的空間と空間内部の変項である。さらに言いかえるなら、順序だけが入れられた位相空間と計量が入れられた空間内部の変項である。その上で、デカルトは、証明論的方法を駆使して、これらマテーシスの対象に不変性があることを証明する。そして、人間精神はマテーシスの対象に関しては「真にして確実な知識」（AT VII 69）を持つことを証明する。その際に、デカルトは、マテーシスの対象を予め物体的な自然であるとした上で、物質的事物を物体的自然として捉えることを正当化する。このことが「第五省察」における神の実在証明を通してなされていると解することができる。

人間精神は神の作品である。言いかえるなら、マテーシスを行使し、マテーシスの対象を構成して知る作品である。ところで、「第五省察」における神の実在は、マテーシスの対象の不変性を証明するのと同じ方法で、同じ「真理の規則」によって証明されている。とすると、その証明論的方法によって神の実在が証明されるからには、同じ証明論的方法によって神の作品たる物質的自然の本質も証明されるはずである。当の証明論的方法を通して、その神は、マテーシスを知識として作品を制作する制作者として限定されるからである。こうして「第五省察」の結論が導き出される。「今や無数のものが、一つには神自体と別の知性的諸事物について、一つには純粋なマテーシスの対象である物体的自然のすべてについて、私には全面的に識られうるし確実である」（AT VII 71）。そして「物質的事物は純粋なマテーシスの対象である限りにおいて実在しうる」（AT VII 71）。マテーシスの対象を「神が実現しうる」ことは疑いないからである。

ここまでの読解を要約する。神の作品は人間精神である。神自体をマテーシスによる制作者として捉えられる限りにおいては、神の作品は、「幾何学の原理が染み込んだ」(AT VII 69) 人間精神と物体的自然界全体である。これらは、世界の中に部分として特別に創造された二つの完全な作品である。そして、たんなる機械以上の何かであるという意味において、完全な機械である。したがって、これはあくまで比喩にすぎないが、人間精神は自然界全体と同じ意味において生きていると語ることは可能である。しかし、機械論的自然観を確立するためには、物体的自然界全体ではなく、個別的な自然物に焦点をあてなければならない。そして、そのとき初めて、個別的な生物の生物性がどう捉えられるべきかが真に問題になってくる。完全な機械ないし完全な作品はマテーシスによって構成されると言ってよいが、個別的なものはマテーシスによって構成されるか、また、そのとき生物の生物性はどのように知られるのかが真に問題になってくる。これが「第六省察」の課題になる。

「第六省察」では、「物体的な事物は実在する」と証明される。「明晰判明に私が知解するものはすべて、言いかえるなら、純粋なマテーシスの対象において把握されるところの一般的に観られたすべては、物体的事物の内に存在する」(AT VII 80)。この「一般的に観られた自然」は、「神自体か、あるいは、神によって制定された、創造された事物の共秩序」(AT VII 80) である。逆に言えば、神自体は、被造物の共在の秩序とともに、マテーシスの一般的な対象なのである。「第六省察」の課題は、この空間に計量を入れるプロセスと、一般的自然から個別的自然へ移行するプロセスが対応するのか、絞って言うなら、マテーシスによって構成される個別的事物が、個別的自然物の真のモデルになりうるのかを決めることである。すなわち、「個別的な私の自然」、すなわち「神によって私に賦与されたものすべての複合体」(AT VII 80)、これがマテーシスによって知られうるかを決めることである。これに解決が与えられなければ、解剖学的な機械論や生理学的な機械論と区別された数学的な機械論は確立されようがない(10)。

ところが、「第六省察」後半には、マテーシスという語は登場しない。また、作品という語も機械という語も登場しない。これは何を意味するのだろうか。われわれはまだ十分な見通しを得ていないので、それを謎として残したまま本稿を閉じざるをえないが、ここで指摘しておきたいことは、デカルトがその自然観を仕上げていく過程で、人間の生物性と生命現象を知るべき場所として指定するのは病気にほかならないということである。「病気の人間も、健康な人間に劣らず、真に神の被造物である」(AT VII 84)。おそらく、病気の人間が「真の被造物」であると知ること、ここまでの『省察』の到達点を踏まえて知ること、あるいは、到達点に抗して知ること、まさにそのことが、人間の自然の弱さを認めて閉じられる『省察』の最高の到達点になるだろう。

註

(1) デカルトの著作からの引用に際しては、その末尾にアダン・タヌリ版全集(AT)の巻数と頁数を記す。なお、本稿では、Mathesis を「数学」と訳さず「マテーシス」と表記する。

(2) 「われわれと獣に共通な」こと、とくに発生分化の現象、感覚する能力、自己を動かす能力の原理は人間の魂の部分をなすのか。人間と植物を「生物」と称するなら、その「生物」なる語は両義的に使用されているとして、人間と獣を同じ一つの意味で「生物」と称することはできるのか。これらは人間と動物の差異、行動と行為の理解に関わるが、われわれの見るところ、デカルトの立場は全面的に確定しているわけではない。

(3) この認識は、現在も獲得されてはいない。さまざまな生物モデルが提案されてきたが、それらは発生現象を完全に取り逃がしている。それらのモデルは、多細胞生物である有機体の発生分化をシミュレートする際にも、相互に外在的に区別された複数の細胞を想定して、それらの相互作用がある種の創発性を示すことをもってシミュレーションと称している。ところが、生物の発生分化とは、唯一の「種子」が内部分裂を繰り返して内的に分化していく過程である。生殖に関してはモデルすらないが、発生分化に関してもそれをナイーヴに表象=再現せんとするモデルすらない。

なお、デカルト自然学における発生の重要性、あるいはむしろ、発生の重要性をデカルトが十分に認知していたことについては、以下の研究がある。Francois Duchesneau, *Les modèles du vivant de Descartes à Leibniz*, Vrin, 1998.

（4）『方法叙説』「第五部」の動物機械論に関しては、次の研究が有益である。Thierry Gontior, *De l'homme à l'animal: paradoxes sur la nature des animaux Montaigne et Descartes*, Vrin, 1998.

（5）デカルトは『屈折光学』などでさまざまな自然学的モデルを試しているが、「複合された事物」とはこのモデルのことである。これに対して、デカルトが代数学的で幾何学的なモデルを構想していたか否かが本稿の関心の一つである。

（6）マリオンは、真理の一般的規則は「エゴに妥当する真理の形式的条件は、他のすべての真なる認識に妥当する」ということを意味すると正しく指摘している。しかしマリオンは、「誠実」や「循環」は「解釈者の論理の幻影」であると退ける勢いが余って、『省察』において一般的規則は進展するのではなく、そこには「主観性」の「内在平面」ないし「超越論的な場」の拡大だけがあると見なしている。だからマリオンにとって、「主観性は存在者の中の一つの存在者とは見なされない」し、見なされては困るわけである。このマリオンの解釈はデカルト研究の水準を押し下げるものであると言わざるをえない。Jean-Luc Marion, *Question cartésiennes II: sur l'ego et sur Dieu*, PUF, 1996, "II La《règle générale》de vérité. Meditatio III, AT VII, 34-36".

（7）「第五答弁」では、アペレスの絵画作品自体と区別されないアペレスの印とは、アペレス作であることを示す「模倣し難い技巧」であるとされている（AT VII 372-373）。

（8）「第二答弁」の当該箇所を引用しておく。「すでに十分にさまざまな箇所で確認したように、私が論じているところの（神の：仏訳補足）観念の対象的な完全性ないし事物性は、極めて巧妙に考案された機械（について制作者が持っているところ：仏訳補足）の観念の内にある対象的な技術と同じく、観念の内に対象的にのみ含まれているものすべてを実際に含んでいる原因を要請するのである」（AT VII 134-135）。

（9）なお、『省察』において世界の存在は根本的に前提とされている。「第二省察」には「私は世界の中には天・地球・諸精神・諸物体はないと自らを説得した」（AT VII 25）とある。つまり、世界の中にはそれらがありうるのである。

とくに精神は世界の中にありうるものである。「第三省察」には「世界の中に私独りが存在するのではなく別の事物が存在すると証明できるだろう」（AT VII 42）と、また、「私以外に、世界の中に、人間たち、動物たち、天使たちが存在しないとしても」（AT VII 43）とある。つまり、「私」は世界の中に存在するのであり、とくに天使という純粋知性的事物も世界の中に存在しうるのである。「第四省察」には懐疑を総括して「世界の中に何かが実在するかを吟味した」（AT VII 58）とある。

（10）以下の論稿で、「第六省察」後半でマテーシスが適用される個別的なものがあるとすれば、脳を含む身体における微細なものの運動変化の変換であろうとの推測を行なった。小泉義之「デカルトのマテーシス――精神・機械・生物」『フランス哲学思想研究』第八号（日仏哲学会、二〇〇三年、本書所収）。

デカルトのマテーシス――精神・機械・生物

一　機械について

『省察』には、machina（機械）とmachinamentum（機構）という二つの用語が見られる。「機械」は、「概要」と「第二省察」の二箇所に見られる。

デカルトは、「概要」で、「第三省察」での神の実在証明（第一証明）に関して、こう書いている。『省察』本文では、読者を感覚から引き離すために、「物体的事物との比較」をしなかったが、『省察』「答弁」では、「われわれの内部にある最高に完全な存在者の観念が、最高に完全な原因によることなくしてありえないほどの、対象的な事物性をもつ」ということを、「すこぶる完全な機械との比較」を用いて解明した。そしてデカルトは、「概要」で、その解明の次第を、こう要約している。

その（すこぶる完全な機械の）観念の対象的な技術は、何らかの原因をもつのでなければならない。つまり、製作者の知識、あるいは、製作者にその観念を与えた誰か別の者の知識をもつのでなければならない。それと同様にして、われわれの内部にある神の観念は、神自体を原因としてもたないことはありえない（AT. VII.

1429–1501）。

「比較」はこうなっている。完全な機械の観念の対象的技術：何らかの原因（製作者の知識）＝最高に完全な存在者の観念の対象的事物性：最高に完全な原因。ここで、比較の前項だけを取り出して、完全な機械は、最高に完全な存在者すなわち神に相当すると考えられるだろうか。言い替えると、神の観念は神自体を原因とするのと同じように、完全な機械の観念は完全な機械自体を原因とすると考えられるだろうか。そもそも、完全な機械とは何であろうか。

デカルトは、「第二省察」で、「人間とは何か」という問いに対して、類と種による分類学的な定義で答える答え方を拒絶した上で、こう書いている。

ここでむしろ私は、私とは何であるかを考察したそのたびに、何が自発的に自然に導かれて私の思惟に、従来立ち現われたかに注意しよう。立ち現われたのは、まず、私が顔、手、腕、そしてそれらの部分の（仏訳：骨と肉で構成された）機械全体をもつということであり、死体においても看取されるこの機械全体を、私は身体という名辞で指示していた。それに加えて立ち現われたのは、私が栄養をとり、歩行し、感覚し、そして思惟するということであり、これらの活動を私は魂に関係づけていた。しかし魂が何であるかは気に留めなかったり、私の粗大な部分に注ぎ込まれた、風・火・エーテルのごとき、何か微細なものを想像したりしていた（2531–2611）。

機械は身体のことであった。諸器官と諸組織の複合体、有機体制のことであった。デカルトは、私とは何であるかという問いに対して、魂＋機械、魂＋有機体制と答え、魂の活動を微細な物体の活動として想像していた。

では、デカルトは、微細な物体の活動によって生かされる有機体制のことを、いかなる名辞で指示し直すのであろうか。もちろん「心身複合体」で指示するわけだが、私の解するところでは、それこそが完全な機械のことである。完全な機械とは、私なる人間機械のことである。そして、「概要」の「比較」も考慮するなら、『省察』における知識の探求とは、人間機械を制作する製作者の知識、そしてまた、人間機械という生命体の制作原理と作動原理の知識の探求である。そこで、「第六省察」後半の解釈に必要な限りで、『省察』の知識論ないしマテーシス論を簡単に辿ることにする。

二　マテーシスについて

デカルトは、「第一省察」で、諸学問を懐疑にかける。すなわち、自然学、天文学、医学、代数学、幾何学を懐疑にかけていく。では、これらの学問は、『省察』のどこで復権するのだろうか。「第三省察」で天文学が、「第四省察」で代数学が、「第五省察」で幾何学が、「第六省察」前半で自然学が、「第六省察」後半で医学が復権する。その過程で、「第五省察」でマテーシスが確立される。私の解するところでは、マテーシスは、人間機械を制作する製作者の知識そのものではないとしても、その製作者の知識について人間がもつことのできる唯一の知識である。

「第三省察」の叙述は一貫して天文学を念頭に置いて進められている。第一に、事物の観念の最初の例示は「地球、天空、星」(3520-3521)である。第二に、観念の分類と吟味においては、「人間、キマイラ、天空、天使、神」(3705-3706)と例示された上で、考察の焦点は「物音、太陽、火」(3804-3805)に絞られ、さらに、熱の観念と太陽の観念に絞られる。第三に、感覚に由来する太陽の観念とは区別される、「天文学の理論(rationes)から得られた観念、すなわち、私に本有的な知見(notiones)から引き出された観念」(3922-3924)が考察される。

ここで注目すべきは、天文学の理論が、本有的な知見に言い替えられていることである。したがって、天文学の理論の復権は、本有的な知見によって、自然の光で知られること（notum）によって果たされると解することができる。これが、神の実在証明と関連する。

「第四省察」で代数学が復権するという主張は奇異に響くかもしれないが、代数学がどこで復権するかを消去法で考えていっても、「第四省察」以外にはありえない。その際には、「真と偽について」という副題をもつ「第四省察」を、真の値（真の解）と偽の値（偽の解）についての議論として、すなわち、error 論として、あえて言うなら、誤差論として読むことになる。デカルトは、過誤（error）について、こう書いている。「過誤は、神に依存するリアルな何かではなく、たんに欠陥にすぎない。したがって、過つためには、この目的のために神から賦与された何らかの能力は必要ないのであって、過つということは、神から得ているところの真を判断する能力が、私にあっては無限ではないということから起こっている。……とはいうものの、これではまだ充分ではない」（5424-5430）。

自然物の測定を考える。その真の値を測定するには、無限の精度が要求されると考えてみることができる。このとき、測定の精度が荒ければ測定値を真の値とすることはできない。計測の能力が有限であるなら、いかにしても真の値を測定するとは保証されない。しかし、デカルトが指摘するように、この説明は充分ではない。そのように測定の状況を説明してしまえば、測定値が真の値か偽の値かを問うこと自体が、そして近似値や誤差を語ること自体が無意味になるからである。そこで、偽の値、近似値、誤差といった概念に意味を与えたいのだとするなら、自然物には真の値が内在し、測定値は誤差を確定された近似値を表示すると考えることになるし、そう考えても過ちではないとの保証を求めることになる。デカルトは、この問題に対して、制作論と能力論からアプローチする。

神の自然に注意する者にとっては、神がその類において完全ではないような、あって然るべき完全性が欠如しているような、そのような何らかの能力を、私の内に置いたということは、ありうるとは思われない。というのも、製作者が熟練していればいるほど、より完全な作品が製作者から由来するのであれば、すべての事物の創作者が、すべての数において絶対的である（omnibus numeris absolutum）のでないような何かを作るということがありうるのだろうか。神が私を、決して誤ることのないものとして創造することのできたことにも、神が常に最善のものを意志することにも、疑いはない。そうであるなら、私が誤るということは、私が誤らないということよりも、善いことなのであろうか（5506-5513）。

製作者が万能なら、絶対的な測定計算機械を制作するはずである。真の値を測定計算する機械を創造するはずである。ところが、私なる機械は、そのような機械ではない。誤差を免れない測定計算機械である。とすると、そこに何らかの善・意味があるはずである。

これに続く議論は複雑であるが、ここでは「第四省察」結論部分にだけ触れておく。デカルトは、「明晰判明に知性によって表示されるもの」以上に意志が広がりゆかなければ過つということはありえないと結論しているが、ここでの「明晰判明に知性によって表示されるもの」を、知性は有限であると言われているからには、真なるもの（真の値や真の解）と解することはできない。デカルトは、こう書いている。

すべての明晰判明な知得は疑いもなく何ものかであり、したがって無に由因してあることはありえず、必然的に神を――神とは、この上もなく完全であって、欺く者であることと矛盾するあの神のことを、私は云っているのであるが――創作者としてもっていて、ゆえに疑いもなくかかる知得は真である（6215-6220）。

「明晰判明に知性によって表示されるもの」を知得すること、その知得の過程が、何ものかであり、真なるものである。知得の内容ではなく、知得の過程を遂行する能力が、真に創作されたものである。私は、自然物を測定計算する機械、自然物について方程式を立てて解く機械、自然物についてモデルを立ててシミュレーションを実行する機械である。ところが、そのように作動する機械も宇宙の部分たる自然物であるから、機械の創作者は同時に自然物の創造者でもある。とすると、製作者はその知識に照らして、自然物と機械を制作することになる。ここにおいて、明晰判明な知得とは、測定計算の内容ではなく、機械と自然物の作動原理や制作原理のことでなければならない。例えば、明晰判明な知得とは、２＋３や微分方程式を解くことではなく、それらの計算が、自然物と関連しながら肉体やシリコンチップに実装され実行される際のその原理のことである。自然物について一定の数値を弾き出す機械があるとして、問われるのは、その数値の真偽ではなく、双方が嚙み合ってその数値が弾き出されるその過程であり、これについての知得が何ものかであり真なるものである。このときはじめてerror に善・意味が付与される。

「第五省察」では幾何学が復権する。デカルトは、「物質的な事物」について「判明な」観念があるとして、「長さと広さと深さにおける延長」（6318-6319）をあげる。そして、その延長の部分を数えることができるとし、各部分に任意の大きさ・形状・位置・運動・持続を割り当てることができるとする。要するに、デカルトは、任意の幾何学的空間を、「無数の特殊な」空間を構成することができるということを出発点としている。「第四省察」で代数学が復権したからには、この空間は代数学的な空間でもある。デカルトが着目するのは、あるいは、確証したいのは、そうした空間に本質ないし自然があるということである。

私は私において、私の外部ではおそらくどこにも実在しないだろうが、それでも無であるとは言われえない、或る種の事物の無数の観念を発見する（構成する invenio）。それらは私によっていわば恣意的に思惟されるが、しかし私によって仮想されるのではなく、真の不動の本性をもつ（6406-6411）。

これについて三角形の例解が与えられているが、ここでは力学系の相空間を例にとる。数理科学者は物質的事物について相空間を描き出す。相空間を「想像する」。この相空間は、思考の外部に実在するわけではない。ナイーヴな数理科学者は、相空間は物質的事物の本質的有り様を再現・表象すると信ずるし、それほどナイーヴではない数理科学者は、相空間は物質的事物の有り様を再現・表象すると信ずる。しかし、この信念は確かなものではないし、保証されたものでもない。そこで、デカルトが着目するのは、相空間が思考の外部に実在しないとしても、また、外部の事物の有り様を再現・表象しないとしても、相空間には「確定した不動で永遠の自然・本質・形相」（6414-6416）があるということである。デカルトが問うことは、数理科学者の信念をいかに知識に格上げするかということではなく、相空間の存在論的かつ知識論的なステイタスは何かということである。

デカルトが、数学的空間の有り様から引き出すことは次のことである（文脈上、仮定法になっている）。「何らかの事物の観念を私の思惟から取り出しうるということから、この事物に帰属すると明晰判明に私の知得することのすべてが、実際にこの事物に帰属するということが帰結するならば」（6516-6519）。ここでの事物を、物質的事物と解するわけにはいかない。そうではなくて、観念が表象するところの事物、数学的な空間の観念が表象するところの数学的な空間と解さなければならない。例えば、相空間について明晰判明に知得されることは、実際に、事物として、相空間に帰属するということが確証されることが目指されている。では、どうしてそのようなことが目指されるのか。

現実の振り子の運動を知得する場合を考えてみる。現実の振り子の運動は、物質的な事物の現実の運動であるが、これをそのまま数学的に再現するのは不可能である。そこで、現実の振り子運動についてモデルが立てられる。物質的な事物とは別の事物の運動、理念的で観念的な事物の運動を再現・表象すると見なされるところの微分方程式が立てられる。そして、微分方程式に適当な変換を施して、例えば、運動量と位置を次元とする数学的空間を思考し、それを相空間として描き出す。ここで問われるのは、これら一連の操作が何を実行していることになるのか、微分方程式や相空間といった各ステップでの装置が何を表現していることになるのかということである。

「第五省察」の議論に戻る。デカルトは「最初の措定」(prior positio)(6715) なるものを考えている。「すべての四角形が円に内接する」と最初に措定するなら、「菱形は円に内接する」という結論は、論証上は「必至」(necesse) となる。しかるに、この結論命題は偽である。ここからデカルトが引き出すことは、当初の措定は「偽なる措定」であったということ、「私に本具的な真なる観念」ではなかったということである。ここで、様々な問題が生じる。論証的に必至という意味での真だけを確保しておけば充分かという問題や、偽なる措定から真なる結論が出て来たり真なる措定から偽なる結論が出て来たりする可能性をどう捌くかという問題など、要するに、証明論的な諸問題である。これに神の実在証明が決定的な役割を果たすはずであるが、一連の証明論的問題は解決されたとして進めることにする。

「いかなる証明の様式を私が使用しようとも、明晰判明に私が知得することだけが、私を全面的に説得するということに帰着する」(6721-6723)。デカルトは「三角形の自然の考察」(6827)(「三角形の考察」ではない) で例示している。三角形の自然とは、三角形についての論証の最初の措定に意味を賦与するような幾何学的で代数学的な空間のことである。この数学的な空間の内部においては、三角形は自然物のステイタスをもつ。その上で、デカルトが主張することは、第一に、いかなる原理や理論を採用しようと、いかなる証明方式を採用しようと、そうした議論は、数学的空間の自然についての「真にして確実な知識」の探求であることに変わりがないということである。第二に、物質的な事物の本質を探究するための唯一の道は、数学的な空間の自然の知識の探求にあるということである。これは、伝統的に、物質の空間化・延長化と言われてきた事態であるが、物質的な事物の知識はそれ以外の仕方では獲得できないのである。こうして、「第五省察」の「私」とは、数学的空間について幾何学的な論証を実行する機械であり、証明論的な理論を実行する機械である。このとき、はじめて、数学的空間の発見や構成は自然過程として捉えられることになる。いずれにせよ、「第五省察」の最後に、マテーシスが確立する。「今や、一つには、神自体と知性的な事物について、一つには、純粋なマテーシスの対象であるところの自然全体について、無数のものが私には全面的に識られうるし（nota）、確実でありうる」（7106-7109）。マテーシスとは、天文学の理論、代数学の理論、幾何学の理論を総合する知識である。マテーシスの対象は、自然全体である。そして、マテーシスにおいて知られる無数のものは、自然全体の局所的な自然物であると捉えられる。

三　マテーシスと脳の運動

「第六省察」前半では二回マテーシスが言及される。「物質的な事物は、純粋なマテーシスの対象であるというかぎりで、実在しうる」（7114-7115）。そして、「純粋なマテーシスの対象である物体的な自然」（7401-7402）とである。すなわち、物質的な事物は、マテーシスの対象であるかぎりで、物体的な自然と言われていることになる。

「第六省察」後半において、いわゆる心身合一体である人間が主題化されるとき、マテーシスはいかなる役割を果たしているのかを考えてみる。ところが、「第六省察」後半ではマテーシスなる用語は使用されてはいない。そこで、デカルトが、人間を知識探求の対象とするとき、マテーシスの対象をどのように設定しようとするのかを考えてみる。

通説的な解釈では、物体としての身体がマテーシスの対象であるということになろう。「第六省察」において現に記述されている身体を、さらにマテーシスで表現するということになろう。しかし、この通説的な解釈は退けられなければならない。私の解するところでは、マテーシスの対象は、脳の運動である。別の言い方をするなら、マテーシスの対象は心身の合一である。さらに別の言い方をするなら、人間という生物、人間という完全な機械、これを創造し制作する神がもつ知識についての人間の知識が、マテーシスである。

さて、「第六省察」前半の物質的事物の実在証明の結論はこうなっている。「明晰判明に私の知解するものすべては、言いかえれば、純粋なマテーシスの対象において把握されるところの、一般的に観られたもののすべては、物体的な事物のうちに存在する」（8008-8010）。そしてデカルトは、一般的なものから、個別的なものへと向かう。「一般的に観られた自然とは、神自体か、神によって制定された被造物間の相互的秩序以外のものではない。また、個別態における私の自然とは、私に神から賦与されたもののすべての複合体以外のものではない」（8021-8026）。ここでマテーシスの対象は、まずは、神自体と自然物間の相互的秩序であるが、問われるのは、神自体や相互的秩序によって賦与されたものの複合体が、マテーシスの対象となるか、あるいは、マテーシスの対象となる個別的な複合体とは何かということである。

そこで「第六省察」後半の病気論を検討してみる。「病気の人間も、健康な人間に劣らず、真に神の被造物である」（8412-8414）。病気と健康の差異を超えるもの、病気と健康が内在しうるもの、要するに生きているもの、これが真の被造物であり、個別的な複合体である。それを解明するために、デカルトは、マキナメントゥム（機構）という用語を導入する。

（時計は）歯車と分銅で組み立てられているが、不出来であって時刻を正しく報じないときでも、すべての部分で製作者の要求を満たすときに劣らず、精確にすべての自然法則を守っている。それと同様に、私が人間の身体を機構と、すなわち、骨・神経・筋肉・血管・血液・皮膚で合成された機構と見なすならば（8415-8422）。

時計はパーツで組み立てられた機構であり、この時計が守る自然法則は、時計の内外のパーツ相互の秩序であり、これはマテーシスの対象となる。これと同じ意味で、人間の身体の内外のパーツの相互的秩序はマテーシスの対象となる。

しかし、デカルトはこのような見方を退ける。デカルトは、水腫病について、こう書いている。「人間の身体の機構を、そこで生じるのが常である運動へと調整されたものと見なすならば、飲料が機構の保存に有益でないそのときに、機構の咽喉が涸くとすると、その機構はその自然から逸脱していると、私は考えるだろう」(8504-8509)が、ここにおける「自然からの逸脱」という語り方における「自然」は、「外面的な命名」にしかなってはいないからということで、デカルトは、こうした見方を退けるのである。その理由の理解は難しいが、ここではこう解しておく。病気の人間も健康な人間も同じく身体機構であるという見方が退けられるのは、病気の人間も健康な人間も同じく人間・生物・自然物であるという厳然たる現実に届いてはいないからである。言い替えるなら、マテーシスの対象をパーツの相互的秩序たる機構と考えるかぎり、マテーシスが個別的な複合体に届くことはないからである。こうして、デカルトは、人間・生物・自然物へ、身体へ合一する精神へと向かうことになる。「合成体へと、あるいはむしろ、そのような身体に結合する精神へと注視するなら、飲料がそれに(ipsi)害であるときに渇くことは、純粋な命名ではなく、自然の真の過誤である」(8521-8524)。水腫病は自己の保存に有害である。ここに保存されるべき自己とは、健康な人間においても病気の人間においても現に保存されているものである。それは、機構としての身体ではなく、機構としての身体に結合する精神(mens tali corpori unita)である。神自体と相互的秩序に賦与されたものすべての個別的複合体とは、機構としての身体ではなく、身体機構に結合する精神である。とすると、マテーシスの対象となりうる人間・生物・自然物とは、いかに奇怪に聞こえようとも、身体機構に結合する精神であると、絞って言うなら、端的に精神であると言わなければならない。

デカルトは、「自然の真の過誤」を解明するための議論において、脳に考察の焦点をあてる。「精神は、身体のすべての部分によって直接に触発されるのではなく、ただ単に脳によって、あるいはおそらく脳の微小な一部分によって触発される」(8616-8618)からである。ただし、脳の部分ということで、身体機構の部分としての脳の部分が問題にされているのではないし、脳の部分とそれ以外の部分の相互的秩序が問題にされているのでもない。まずデカルトは、脳の部分の配置の仕方を問題にする。「この部分は、同じ仕方で配置されるたびに、身体の残りの部分が多様な仕方で別の状態になっていても、精神に同じものを表示する」(8619-8622)。ついでデカルトは、「直接に精神を触発する、脳の部分に生ずる運動」(8720-8721)を問題にする。ここで配置の仕方は運動に含まれると解しておくと、デカルトの議論の大筋はこうなる。脳の運動は、精神を触発して精神に感覚を表示する。足の痛みを表示する脳の運動は、足先の変化によって最も頻繁に生じるにしても、神経系の中間部分の変化によって生ずることもありうる。機構の部分と脳の運動の関係がそのようであるとしても、足先の変化を足先の防衛動作へと変換するような、そのような脳の運動こそが、足先の痛みと防衛の欲求を精神に表示するようにしておいたほうが、「身体の保存」(8812)に有益であるし、まさに人間がそのようになっていることが、神の善性と神の力能を証している。

この議論の意味を考えるために、神という製作者の観点に立ってみる。神は、いかなる知識に照らして、人間を制作するのか。身体機構の実在を前提として考えてみる。すなわち、身体機構が発生の過程を経ることなく既に出来上がっていると想定して考えてみる。その場合、神は、足先が傷つけられると、その情報が伝達されて、足先を動かす情報に変換される機構を制作することになる。つまり、パーツの特定の相互的秩序を、別の相互的秩序に変換する機構を制作することになる。しかし、このような想定には多くの難点がある。第一に、相互的秩序を変換する機構が、身体機構の一部に内蔵されるという想定に困難がある。言い換えると、相互的秩序の変換についての一般的知識と、個別的な身体機構および個別的な身体部分との関係が鮮明ではない。第二に、神は身体機構とその部分も創造するのだから、いずれにせよ足先の実在を前提とする想定を採ることはできない。そこで、こう想定することになる。神は、相互的秩序の変換の知識をもつ。あるいは、特定の運動を別の運動へ変換することの知識をもつ。神にとっての問題は、そのような運動の変換の知識を、いかにして現実化し、いかにして機構に実装するかということである。これは、神の知識をいかにして受肉するか、いかにして発生過程として現実化するかという問題である。

以上の想定を、人間の観点から見返すことによって、少なくとも確かに言いうることは、脳の運動の変換の知識が、いまここでの生物活動に現実化しているということである。したがって、マテーシスの対象は脳の運動の変換であると考えることができるし、さらには、マテーシスの対象たる理念的な運動の変換こそが、一切の留保抜きに、身体に結合する精神のことであると考えることができる。

この結論は途方もないものに見えるし、デカルト解釈からしても、事柄自体からしても、難題は山積しているが、それだけに生産的な解釈方向になりうるはずである。

脳理論の創始者としてのデカルト

デカルトが近代哲学の創始者であるだけでなく解析幾何学の創始者でもあることはよく知られている。また、デカルトが、近代的宇宙論を創出したこと、落下法則・慣性法則・屈折法則を定式化したこと、総じて近代自然諸科学の基礎を築いたこともよく知られている。ところが、デカルトが脳理論を創始したことはそれほど知られていない。たしかに、デカルトの心身二元論はさまざまな仕方で話題にされてきたが、現在の脳理論の本体部分がデカルトによって切り開かれたことはほとんど知られていない。

さて、デカルトは、脳理論に関連するものとして、草稿も含めるなら、多くの作品を残している。『方法叙説』『省察』『情念論』以外にも、『方法叙説』以前の『精神指導の規則』『人間論』があり、『方法叙説』「付録」の『屈折光学』がある。これだけでもかなりの量になる。そこで、本稿では、『精神指導の規則』『人間論』『屈折光学』が自然学（自然諸科学に相当する）的な脳理論を創始したこと、『省察』が自然学的な脳理論の達成と限界を踏まえて脳理論の進むべき方向を示唆したことを、感覚系に絞って示していきたい。

一　形による幾何学的コード化

デカルトは、『精神指導の規則』において、情報のコード化に相当する考え方を、歴史上はじめて明確に提出した。『精神指導の規則』の「第十二規則」から引用する。

あらゆる外部感覚器官（sensus）は、それらが身体の部分である限りにおいては、それらを対象に向けるのは能動すなわち場所的運動によるとしても、それらが本来の意味で感覚するのはただ受動による。蠟が印章から形（figura）を受け取るようにである。これは類比として言われたと考えてはならない。蠟の表面の形が印章によって変えられるのとまったく同じ仕方で、感覚する身体の外形が実際に変えられると認められなければならない。

皮膚に硬い物体が当たると、その物体の硬さが感じられる。このとき、皮膚の表面に硬さに似た何ものかが受け渡されたなどと考えるわけにはいかない。というのは、実際に皮膚の表層に起こったことは、皮膚の表層の形が硬い物体によって歪められたということだけだからである。とすれば、皮膚の表層に内在する触覚器官（デカルトは膜のようなものと考えていた）に起こったことも、触覚器官の形が歪められて変異したということだけである。したがって、硬いものの感覚的知覚の出発点は、物体の運動が触覚器官に及ぼす形の変異にあると考えなければならない。つまり、物体の硬さは、触覚器官そのものの形の変異としてコード化されると考えなければならない。

デカルトは、他の感覚についても同じことが成り立つと論じ進める。熱いものや冷たいものに触れる場合、触覚器官は、熱くなったり冷たくなったりすることを含め、さまざまな変化を被るが、熱さや冷たさの感覚的知覚が成立するための出発点において意味のある変化は、触覚器官の形の変異だけである。熱さや冷たさも、触覚器官そのものの形の変異としてコード化されるのである。同様に、音の場合には聴覚器官の形の変異によって、臭いの場合には嗅覚器官の形の変異によって、味の場合には味覚器官の形の変異によって、対象からの作用がコード化される。デカルトは、色の場合も同様であることを強調する。

例えば、色が何であるかがどう想定されようと、それが延長を持つこと、従って形を持つことは否定されないだろう。ところで、われわれが、何か新たな存在者を無益に認め無思慮に仮構することを避け、他人が色について考えんと欲するところは否定せずに、形の本性を持つもののほかはすべて捨象して、かくて白や青や赤などの差異を、形の差異と同様なものであると認めると、何か不都合が起こるだろうか。同じことはすべてについて言われうる。形は無限に多数にあって、感覚されるすべての事物の差異を表現するに充分であることは確実であるから。

色の感覚的知覚は、眼球底がその色に染め上げられることで始まるのではない。そうではなくて、対象表面が周囲へ及ぼす光の作用の差異が、眼球底の感覚器官の形の変異としてコード化されて始まるのである。したがって、色の感覚的知覚の成立を自然学的に説明するために、色なる存在者が対象そのものにあると仮構する必要はまったくない。また、対象表面から眼球に到る光の本質が何であるかを決める必要もない。理論的に必要なことは、対象表面からの視覚器官への作用の差異が、視覚器官そのものの形の変異としてコード化されるという仮説だけである。

これは脳理論の始まりを告げる画期的な考え方である。デカルト以前の感覚的知覚の理論は、概ね二つのことを想定していた。一つは、対象に内在する形質は、人間が感覚的に知覚する形質に類似しているという想定である。もう一つは、対象に内在する形質が原因となって、当の形質の感覚的知覚が結果として引き起こされるという想定である。例えば、対象には赤色が内在していて、対象表面から感覚器官へ、その赤色そのものが、あるいは、それに類似した似姿や映像が飛んできて受け取られるという想定である。しかし、脳神経系の実情を少しでも勘案するなら、そんなことが起こっているとはとても考えられない。感覚器官が、対象の形質をそのまま写し取るなどとはとても考えられないのである。だから、三角形の対象を見て認知する場合にしても、視覚器官が三角形に変形するなどと考えられないし考える必要もない。三角形が別の形にコードされれば十分である。現在、情報のコード化の手法にはさまざまなものが提案されているが、それらは、デカルトが『精神指導の規則』で切り開いた考え方の範囲内にある。

二　形・観念・像

では、感覚器官の形の変異はどこに先送りされるのだろうか。デカルトは、「第十二規則」で、こう書いている。

外部感覚器官が対象によって動かされる時、それが受け取る形は、身体の他の部分すなわち共通感覚器官（sensus communis）と呼ばれる部分へ、同一瞬間に、実在的な存在者が一方から他方へ移動することなしに、移される。あたかも、今私が書いている時、各々の文字が紙上に記されるのと同じ瞬間に、ペンの下部が動かされるのみならず、この部分のいかに小さな運動でも必ず同時にペンの全体にも及び、かくて、一端から他端へ何か実在的なものが移り行くのではないことがわかっているにもかかわらず、その運動のすべての差異はペンの上部によってもまた空中に描かれるようにである。

感覚器官の形の変異は、共通感覚器官に伝えられる。デカルトによると、ペンの下部が感覚器官に相当し、ペン本体が神経系に、ペンの上部が脳内部の共通感覚器官に相当する。また、ペンの下端が紙に書き出す文字が感覚器官の形の変異に相当し、ペンの上端が空中に描き出す線が共通感覚器官の形の変異に相当する。そして、感覚器官への対象からの作用に相当するのが、手によるペンの運動ということになる。ここでも、共通感覚器官は、独自の仕方で、感覚器官の形の変異をコード化していることになる。では、共通感覚器官の形の変異は、どこに先送りされるのだろうか。デカルトはこう書いている。

共通感覚器官もまた、外部感覚器官から物体の助けなしに到来する純粋な形または観念（idea）を、あたかも印章が蠟に印するごとくに、想像または想像力（phantasia vel imaginatio）へ記し付ける。

共通感覚器官の形の変異は、想像力に伝えられる。ところが、伝えられるものは、たんに形とではなく、形あるいは観念と言われる。どうしてだろうか。

第一に、想像力に二つの機能が付されているからである。想像力は、受動的な身体部分とされるだけでなく、能動的な認識能力ともされている。つまり、想像力は、形の変異の変換の終着点であるとともに、形の変異から推論ないし計算して、対象の形質を知覚して認知する機能も担わされている。その際に、共通感覚器官から受け渡される形を直接に知覚して認知するなら、それまでの変換過程は理論的にまったく無意味になってしまう。だから、どうしても、想像力においては、形の変異が形とは異質の何ものかに変換されていると考えざるをえない。第二に、幾何学的コード化に限界が見出されているからである。ペンの例で言うなら、共通感覚器官には、多数のペン先が異質な文字を書くときに、ペンの上端が描き出す運動が刻み込まれる。デカルトは、ペンの本体には多様な運動が付加されるとしているから、ペンの下端の運動とペンの上端の運動は決して同型にはならない。となると、共通感覚器官には、およそ文字として認め難い多様な線が刻み込まれるということになる。この線も形であるが、幾何学的にコード化されるとは考え難くなる。第三に、想像力に運動神経系を起動させる機能が与えられているからである。

運動力あるいは神経そのものも、その起源を脳に有し、脳内部にある想像によって、多様に動かされる。……想像は神経の多数の運動の原因でありうるが、その際、想像においては、神経の運動の像（imago）が表現されているのではなく、他の像が表現されて、それに神経の運動が続く。

想像にある像とは、行動の像のことであると解してよい。人間はこれから為す行動を思い描いて身体を動かすことができる。運動神経系のことを何ら思い描かずとも、身体を動かすことができる。とするなら、想像における行動の像が、何らかの仕方で、運動神経系の運動の変異に変換されると考えなければならない。この像は、運動にも変換されるからには、それを幾何学的な形とは考え難くなる。

『精神指導の規則』における脳理論の概略はこうなる。感覚系は、対象の作用の変異↓感覚器官の形の変異↓共通感覚器官の形の変異⇓想像力における観念の変異。運動系は、想像における行動の像の変異⇓共通感覚器官の形の変異↓神経系の運動の変異↓身体運動の変異↓行動の変異。

注意すべきは、デカルト自身も承知していたことだが、⇓は脳神経系から精神への飛躍、あるいは逆に、精神から脳神経系への飛躍を意味しているということである。もう一つ注意すべきは、感覚―運動系が成立するためには、観念から像への独自な変換が必要であるということである。この辺りには多くの難題が伏在しているが、それは現在の脳理論で解決されてはいるわけでもない。むしろ銘記すべきは、そうした難題そのものをデカルトが自らに提起していたということである。では、デカルト自身は、難題にどう対処したのであろうか。

三　精気による流体力学的コード化

その前に、デカルトが、形によるコード化を修正した経緯を見ておく必要がある。デカルトは、『人間論』において、「想像力と共通感覚器官の座」である松果腺に着目する。この松果腺は、心身結合の場所と見なされるわけだが、いまは脳理論における役割が重要である。

感覚系における松果腺までの過程に関しては大きな理論的変更は見られない。光線が眼球底に圧力を加える多様な仕方が眼球底に「形」を描き出すが、それは「脳の表面」に伝わり、そこに別の形を描き出す。新しいのは次の段階である。脳の表面の形は、神経内部の気体である「精気（esprits）」を介して、松果腺表面にも形を描き出すが、その形は、神経の内部の精気の運動によって描き出されることが強調される。形が形に直接的に変換されるのではなく、形が運動に変換され、その後で運動が形に変換される。幾何学的コード化と流体力学的コード化が組み合わされるのである。これは脳理論における重要な一歩である。この点が、『屈折光学』での印象的な事例に関係している。

『精神指導の規則』では、神経がペンに喩えられたように、神経は固体と見なされていた。だから、視覚器官と共通感覚器官を繋ぐモジュールは固定的であって、視覚器官がなければ、いかにしても対象を「見る」ことはできないことになる。ところが、『屈折光学』で、デカルトは、「盲人」は「杖」を使用して対象を「見る」と主張する。デカルトは、視覚神経系の精気の運動が松果線表面に描く形と、触覚神経系の精気の運動のそれが同型でありうると考えるからこそ、「盲人」も「見る」と主張することができるのである。このように、デカルトは、精気の運動と松果腺を導入することで、たんに脳生理学上の知見を盛り込んだのではなく、流体力学的コード化によって脳の可塑性を理論的に把握したのである。晩年の著作『情念論』「第十三節」から引用しておく。

視覚の対象のすべてがその姿をわれわれに示すのは、それら対象とわれわれとの間にある透明な物体を介して、まずわれわれの眼底にある視神経の細い糸を、次いでこれら視神経の源である脳の場所を、局所的に動かすということのみから起こるのである。しかも、対象は視神経や脳の場所を、対象がわれわれに示す物の多様性と同じだけの多様な仕方で、動かすのである。またそれら対象を精神に表象するものは、直接には、眼に起こる運動ではなくて、脳に起こる運動なのである。そこでこういう視覚の例によってたやすく理解できることであるが、音、香り、味、熱さ、痛み、飢え、渇きなど、一般にわれわれの外的感覚ならびに内的欲求のすべての対象は、われわれ神経の中にある運動を起こすのであり、それが神経によって脳に達するのである。

異質な感覚器官の多様な幾何学的コードが、精気の運動の仕方によって同質的にコード化される。そして、この運動の仕方こそが、精神が表象して「見る」ものである。ところが、デカルトは、流体的な運動の仕方を数学的に定式化するにはいたらなかった。歴史的には力学系理論などがその任を果たしてきたわけであるが、いまや感覚系の概要はこうなる。対象の作用の変異→感覚器官の形の変異→精気の運動の変異→松果線表面の形の変異⇒精神における観念。ところが、力学系理論などをいかに仕上げても、⇒の飛躍は依然として残っている。デカルトは、そのことも見通しながら、『省察』で観念の理論を仕上げていく。最後に、その次第を簡単に見ておく。

四　観念からの逆算

デカルトは、『省察』「第一省察」で、すべての学問を懐疑にかける。そして、「第三省察」で天文学を、「第四省察」で代数学を、「第五省察」で幾何学を復権し、そこでマテーシス（普遍的な数学）の真理性と確実性を確立する。その成果を受けて、「第六省察」で自然学と医学（生化学や生理学や生物学にも相当する）を復権する。つまり、『省察』とは、代数学と幾何学を統合してマテーシスを確立して、それに基づいて、脳科学を基礎付けんとする書物でもある。この点で、観念とマテーシスの関係が重要になる。

もはや「三角形の観念」を三角形の形状のことと考えるわけにはいかない。幾何学では三角形に関して多くの特性が論証されるから、三角形の幾何学的観念は、幾何学の演繹体系によって表象される何ものかである。代数学では三角形は例えば複素関数によって定義可能であるから、三角形の代数学的観念は、一連の方程式によって表象される何ものかである。そして、三角形のマテーシス的観念とは、両者を総合したものということになる。

さて、三角形を感覚器官で見たときの、精気の運動の変異が、マテーシスによって理論化されるとしよう。現代的には、脳神経系の数学的理論モデルが定式化されるとしよう。三角形の観念とは、そうした数学的理論が表象するもののことなのである。だから、デカルトの観念は、例えば、力学系の位相空間における局所的な構造に相当すると解しておくのがよい。精神が「見る」のは、その構造である。このとき、松果腺の形と精神の観念はほとんど同一のものになり、そこから意識や認知や感情を捉え直さなければならないことになるが、それ以前に重要なことは、観念に定位することによって、脳理論の課題がいわば逆転するということである。つまり、今度は、観念の側から出発して、いかにして個別的対象の感覚的知覚が成立するかを探求するということが課題になるのである。この課題は、情報のコード化から出発して対象の再認や認知を説明するという「心の科学」の課題とはまったく異なっている。それは、荒っぽく言えば、脳の理論モデルがいかにしてプログラムに実装されハードで実現されるかという課題、また、ロボットの作動原理と設計原理がいかにして材料において個別的に制作されるかという課題に類似している。この辺りも難問が山積しているところであるが、デカルトが、脳理論を創始し、脳理論が進むべき一つの方向をすでに示していたということは確かである。

あとがき

本書は、デカルト哲学の研究論文を束ねたものである。所収論文を時期的に区分するなら、大学院博士課程進学後に学部卒業論文の一部を書きかえた二十五年前の二論文からはじまり、一九九三年の論文までのグループと、十年の空白をはさんで、二〇〇三年以降に書かれた諸論文のグループに分かれる。その空白の期間に『兵士デカルト』と『デカルト＝哲学のすすめ』を刊行したが、それらは書き下ろしであり、「序にかえて」を除けば、所収論文と内容的に重なるところはほとんどない。したがって、本書は、特定の学界の方々を除けば、ある意味では新著として読まれうるものである。なお、所収に際して、「若書き」を訂正することも考えたが、基本的に初出時のまま束ねることにさせていただいた。

先の二著がデカルトを倫理的・(非)政治的・(非)宗教的に読み抜こうとするものであったのに対し、本書の所収論文はデカルトを狭い意味で哲学的に読解し解釈しようとしたものである。その点では、デカルト哲学そのものを知ったり考えたりするための機縁になりやすいものである。

これまで二十五年以上、デカルトを読んできたことになる。正直に記しておくが、デカルトの主著である『省察』にしても、いまだに読み解けない箇所ばかりである。情けないことではあるが、例えば、どうしてデカルトが「私」なる一人称を哲学に導入することができたのか、その「私」がどのような哲学的役割を果たしているのかについて、『省察』のテキストに即して読み解くことはできていない。「神」「精神」「心身」「知識」などについても、同様の状態である。それでも、現在は、おぼろげながらもデカルト全体の読解と解釈の筋立ては見えてきたように感じている。そして、読者の方が、本書に潜在する筋立てを、その良し悪しを含め、もっと明瞭に見て取って下さることを期待している。

一九七三年に、私は、物理学か数学を修めてから哲学に転ずるつもりで、東京大学教養学部理科I類に入学した。漠然とだが空間の哲学をやりたいと思っていて、それには物理学か数学を修めておかないと話にならぬと考えてのことであった。しかし諸般の事情もあって退学し、東京大学教養学部文科III類を再受験して入学した。当時は「遅れて」進学する人は稀だったので何かと心配はあったが、「過去を問うことのない」リベラルな学風のおかげで、哲学研究の道に入ることができて現在にいたっている。そんな現在の心境について、「Critical Life（期限付き）」（ブログ：二〇〇八年二月二一日掲載）の文章を再録させていただく。

先生と私（京都にて）

私が学生・院生であった一九七〇年代は、学界の慣例的な序列付けの多くが消失し変化した時代だった。師の影を踏まず、といった作法は消えたし、演習などの雰囲気も随分と変わった。年齢を問わず相互に「さん」付けや「先生」付けで呼ぶようになったし、論文では一律に敬称や尊称を省略するようにもなった。学問上は平等を旨とするようになったのである。これは、今では想像のつかないような変化であったし、決して後戻りさせてはいけないことだと思う。

とはいえ、公的な場面を少し外れたところでは、先達への礼儀を欠くわけにはいかないので、新たにさまざまな慣行が編み出された。例えば、単位を認定していただいた教員や演習に出席させていただいた教員には「先生」を付すことを原則としている研究者もいて、私もその一人である。

その原則からすると「先生」にはあたらないのだが、それでも「先生」と呼ばせていただきたい、ある方の講演が先日あって、私も出席した。最終講義というわけでもないし最終講演というわけでもないのだが、やはり大きな区切りとなる時期の講演であった。先生は、今後の研究方向について瑞々しい意欲を語ってもおられた。その翌日、先生も出席される会議があった。私が会議室に向かうために階段を上がって廊下に出ると、ちょうど先生が廊下の向こう端から現われて会議室の前に立っておられる。私は廊下を進んでいくが、先生はこちらを見たまま会議室に入る様子がない。先生は、私が着くのを待って、前日のことでわざわざ礼を述べて下さるのだ。軽く絶句してしまい、私はまともにご挨拶すらお返しできなかった。

一九七〇年代から八〇年代にかけての先生の研究と仕事は、それを意識するにせよしないにせよ、私たちにとっては本当に大きな意味を持っていた。私などが、臆することもなく学問研究を続けてこられるようになったその変化を作り出して下さった先達として、先生は真っ先に名をあげられるべき方である。その後の先生の研究と仕事に関しては、分野と関心の違いもあって私は必ずしもきちんと追ってはこなかったが、当時の若い世代の研究者の多くを励ますものであったし現在もそうあり続けている。そして、先生の学問生活のスタイルは、あらゆる権威と権力を無化する力を湛えている。といっても、そのスタイルは、強張っているわけではない。繊細で強靭なのである。残念なことでもあり当然のことでもあるが、後に続く研究者には決して見られない品位がある。

あの日から、原則からして「先生」である方々のことを思い出したり思い合わせたりしている。先日、恩師は、名高い論文を束ねて一冊の書物を刊行された。さほど厚いものではないが、弟子たちにとっては余りに重たいものである。

厳しいものだと思う。人生が厳しいというのではない。それはわかりきったことだ。学問が厳しいというのでもない。それもわかりきったことだ。人生と学問を縒り合わせるその人の道が厳しいのである。

お名前を明かしておくと、京都の先生は西川長夫先生、恩師は所雄章先生である。本書をまとめてみて、あらためて先達の道に学ばなければと思っている。

若い研究者の夢の一つは、業績や就職などのことをすべて括弧に入れて言うなら、念入りに時間をかけて学術論文を仕上げ、相当に長い期間を経て学術論文の数を増やしてから、論文集としてまとめて世に出すことであろう。私自身も、ゲルーの十七世紀哲学研究論文集（初出雑誌をそのまま複写して束ねたものなので、版型も論文ごとに異なってバラバラのものであった）に憧れていた。そして、このたび、人文書院の松岡隆浩氏のご尽力で、私なりの *Philosophical Papers* を世に出せることになった。人文書院の方々に、感謝いたします。これからの若い研究者の夢の妨げとならぬためにも、本書のような論文集が、学界・読書界・出版界にそれなりに受け入れられることを心から願っております。

小泉　義之

初出一覧

「デカルトの赤色存在論」（別冊『情況』ネグリ特集、二〇〇九年六月）

I

「懐疑と他者」（『哲学雑誌』第七七六号、一九八九年）
「デカルト哲学における観念と存在」（『哲学』第三六号、一九八六年）
「力あるものの観念」（『宇都宮大学教育学部紀要』第四二号、一九九二年）
付論1「完全性と無限性」（『宇都宮大学教育学部紀要』第四三号、一九九三年）
付論2「神の存在証明と宇宙の存在証明」（『現代思想』二〇〇五年一〇月号）

II

「デカルトにおける数学の懐疑」（『論集』（東京大学文学部哲学教室）第三号、一九八四年）
「デカルトにおける数学の懐疑（II）」（『論集』（東京大学文学部哲学教室）第四号、一九八五年）

III

「永遠真理創造説の論理と倫理」（『現代思想』一九九〇年五月号）

IV

「思惟する魂」（村上勝三編『真理の探究』知泉書館、二〇〇五年）
「デカルトのマテーシス」（『フランス哲学思想研究』第八号、二〇〇三年）
「脳理論の創始者としてのデカルト」（『科学』二〇〇五年三月号）

著者略歴

小泉義之（こいずみ・よしゆき）

1954年、札幌市生れ。東京大学大学院人文科学研究科博士課程退学。
現在、立命館大学大学院先端総合学術研究科教授（哲学・倫理学）。

著　書

『「負け組」の哲学』（人文書院、2006年）
『病いの哲学』（ちくま新書、2006年）
『生殖の哲学』（河出書房新社、2003年）
『レヴィナス　何のために生きるのか』（NHK出版、2003年）
『ドゥルーズの哲学　生命・自然・未来のために』（講談社現代新書、2000年）
『なぜ人を殺してはいけないのか？』（永井均との共著、河出書房新社、1998年）
『弔いの哲学』（河出書房新社、1997年）
『デカルト＝哲学のすすめ』（講談社現代新書、1996年）
『兵士デカルト　戦いから祈りへ』（勁草書房、1995年）

編　著

『ドゥルーズ／ガタリの現在』（鈴木泉・檜垣立哉との共編、平凡社、2008年）
『生命の臨界』（松原洋子との共編、人文書院、2005年）

訳　書

ジル・ドゥルーズ『意味の論理学（上・下）』（河出文庫、2007年）
ジル・ドゥルーズ『無人島1969—1974』（監訳、河出書房新社、2003年）

ISBN978-4-409-04098-0 C3010

デカルトの哲学

二〇〇九年七月二〇日　初版第一刷印刷
二〇〇九年七月三〇日　初版第一刷発行

著　者　小泉義之
発行者　渡辺博史
発行所　人文書院
〒六一二-八四四七
京都市伏見区竹田西内畑町九
電話〇七五・六〇三・一三四四
振替〇一〇〇〇-八-一一〇三

印刷　創栄図書印刷株式会社
製本　坂井製本所
装丁　間村俊一

落丁・乱丁本は送料小社負担にてお取替いたします